100세 시대, 온라인에서 물꼬를 열다

100세 시대, 온라인에서 물꼬를 열다

발행일	2017년 7월 14일		
지은이	조 연 미		
펴낸이	손 형 국		
펴낸곳	(주)북랩		
편집인	선일영	편집	이종무, 권혁신, 송재병, 최예은, 이소현
디자인	이현수, 이정아, 김민하, 한수희	제작	박기성, 황동현, 구성우
마케팅	김회란, 박진관, 김한결		
출판등록	2004. 12. 1(제2012-000051호)		
주소	서울시 금천구 가산디지털 1로 168, 우림라이온스밸리 B동 B113, 114호		
홈페이지	www.book.co.kr		
전화번호	(02)2026-5777	팩스	(02)2026-5747

ISBN   979-11-5987-585-4 03320(종이책)   979-11-5987-586-1 05320(전자책)

100세 시대, 온라인에서 물꼬를 열다

조연미 지음

북랩 book Lab

　10년 전, 네이버에 '주니어'는 있는데, 왜 '시니어'는 없을까? 하는 생뚱맞은 궁금증이 생겼습니다. '시니어 포털'을 만들어 보겠다고 20, 30대 젊은 개발자들을 만나면서 시니어 포털의 꿈은 접게 되었습니다. 젊은 개발자들이 시니어에 관한 관심이 전혀 없었고, '시니어를 위한'이라는 개념이 소통되지 않았기 때문입니다. 무엇보다도 컴퓨터는 우리의 영역인데, 시니어가 '왜? 컴퓨터까지' 하는 모습에 세대 간의 장벽을 경험하는 순간이기도 했습니다.

　접어진 꿈 너머로 또 다른 궁금증이 생겼습니다. '저출산 고령화'가 문제라고 하는데, 과연 고령사회 우리는 어떻게 살아가야 할까? 온라인 속에서 찾아낸 대한민국 '노인'의 삶에 대한 정보는 정녕 대한민국에서 노인은 되고 싶지 않다는 생각을 하게 했습니다. 곧이어, 그렇다면 해외 노인들의 삶은 어떨까? 하는 궁금증이 생겨났습니다. 비행기를 타고 떠나지 않아도 해외 정보를 찾아볼 수 있는 웹서핑(온라인 정보검색)을 통해 우리나라 노인들의 삶과는 다른 해외 노인들의 활기찬 인생 2막의 정보, 비즈니스를 접할 수 있었습니다.

　그러면 그렇지~! 해외의 다양한 노년의 삶의 모습을 통해 노년에 대한 새로운 희망이 생겨나면서 이 굿 뉴스를 사람들과 공유해야겠다는 생각을 하게 되었습니다. 우푯값이 없어도 보낼 수 있는 온라인 편지 '시니어통' 뉴스레터는 2007년 10월 그렇게 시작되었습니다.

　어느덧 햇수로 10년, '시니어통' 뉴스레터를 발행하며, 뉴스레터의 가장 큰 수혜자는 저 자신이었던 것 같습니다. 뉴스레터 발행이 계기가 되어, 대내외적으로 시니어 전문가로 자리매김하게 되었고, '시니어플래너'라는 새로운 직업을 만들 수 있었기 때문입니다.

고령사회에 관한 발상의 전환 메시지를 담은 '시니어통' 뉴스레터를 통해 새로운 희망을 얻게 되었다며 많은 분들이 책으로 엮어내라는 권유가 있어 고령사회로 본격 진입하는 2017년, 시니어통 10년의 기록을 묶어냅니다. 시니어통 발행 순서로 책을 내고 싶었으나, 읽는 분들의 편의를 위해 인식/정책/비즈니스/리봄이라는 카테고리로 정리하였습니다. 10년의 추이로 흐름을 읽고 싶은 분들은 온라인(www.seniorplanner.co.kr)에서 발행 순서대로 보실 수 있습니다. 시니어통 뉴스레터는 앞으로 더욱 빠르고 생생한 정보로 여러분들을 찾아갈 것입니다.

꽃피는 인생 2막, 독자분들의 리봄을 응원합니다.

2017년 6월 17일
국내 1호 시니어플래너

조연미

목차

시니어 비즈니스

**100세
시대 정책**

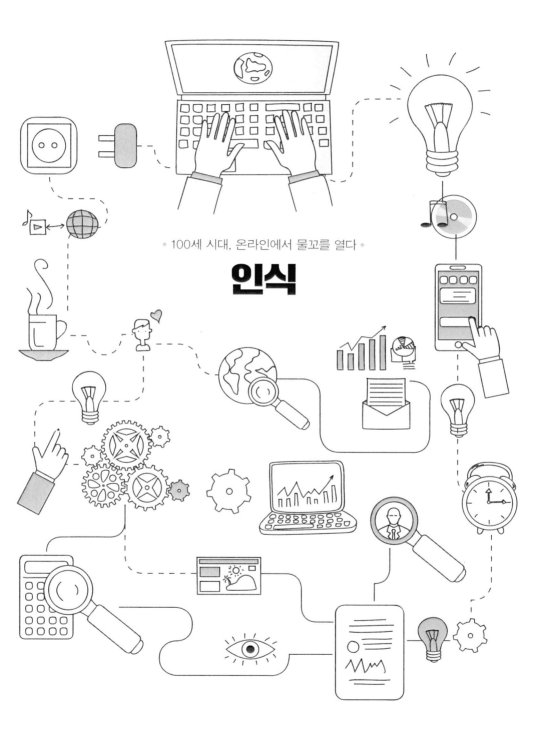

100세 시대, 온라인에서 물꼬를 열다

인식

가계부에 '부모봉양비' 항목은 왜 없나?

　'뒷방노인'을 대신할 새로운 노년 문화 만들기. 노인들이 주체가 되어 활동하는 안양 실버포럼의 3주년 행사에 다녀왔습니다. 3주년 기념 세미나의 주제는 '행복한 노후를 위한 신 노인문화'에 관한 것이었습니다.

　오늘의 노년, 그분들의 젊은 시절 관심사는 먹고사는 문제였습니다. 문화라는 말 자체가 있기나 했는지요. 그 결실로 풍부한 문화를 향유하는 오늘이 있습니다. 아직도 많은 노인에게 있어 문화는 배부른 소리처럼 들립니다.

　'신 노인문화'를 말하는 자리에서 청중으로 앉아계시던 한 어르신께서 하신 말씀, 가계부에 '부모봉양비'라는 항목을 넣어야 한다는 말씀이셨습니다. 문화비, 교육비는 있는데 왜 부모봉양비라는 항목은 없느냐는 것이었습니다. 법의 중요성을 말씀하시며 그들의 최소한의 권리를 법으로 보호받고자 하셨습니다.

　'자식에게 뭘 바라나? 자식은 자라는 동안 효도를 다 한 거다!'라고 하시던, 우리가 알고 있던 부모님들의 생각을 뒤집는 발언이었지요. 부양한 만큼 당연히 그분들도 봉양을 받을 권리가 있다는 것이지요.

아~ 왜 그런 생각을 못 한 걸까요? 그저 말 잔치만 무성한, '효', '노인봉양' 그분들은 이제 믿지 않습니다. 법적으로 그들의 생존, 부모로서의 위치를 보장받고 싶으신 거지요.

깨알같이 메모한 수첩을 든 손은 떨리고 있었지만, 그분의 말씀은 청년의 우렁찬 목소리보다 가슴을 파고들었습니다. 너무도 야속한 현실에 투사가 되신 어르신을 만났습니다.

왜? 가계부에 부모봉양비는 없는 것인가요? 너무도 당연해서? 하지만 그 너무도 당연한 것이 지켜지지 않는 것이 노인들이 느끼는 현실입니다. 교육비, 문화비 위에 부모봉양비 항목을 만든다? 수많은 노년의 문제를 운운하는 슬로건보다 충실한 대안이 아닌지요.

삭막한 이야기로 들리시나요? 그분들은 우리 대신 투사가 되어 미래를 준비하고 계신 게 아닐지요. 그분은 행사가 끝난 후 많은 또래 노인들에 둘러싸여지셨습니다. 잘하셨습니다. 시원합니다. 훌륭하십니다. 저도 그분 손을 한번 잡아보고 싶었습니다.

부끄럽고, 죄송하고, 감사해서요.

시대에 따라 노인도 달라진다

이제까지 믿고 살아왔던 답들이 정답이 아닐 수 있다는 깨달음, 그것이 우리가 요즈음 흔하게 말하는 패러다임의 변화입니다. 제가 실버에 관심을 갖게 된 계기는 제 주변 분들의 예상(?)을 깬 나이 들어가는 모습들을 목격하면서부터입니다.

제 주변의 어르신들이 제가 생각해오던 '노인'의 모습, 꼬부랑 할머니, 할아버지가 아니더라는 것입니다. 제 노년에 대한 희망이 생기면서 좀 더 노인들에 관한 관심을 두기 시작했습니다. 그 결론은 '시대에 따라 노인도 달라지는구나!' 하는 것이고, '앞으로 미래 노인의 모습은 훨씬 달라지겠구나!' 하는 것입니다. 맥빠지게 평범하고 당연한 답이지요.

그렇다면 변화된 노년을 어떻게 느낄 수 있을까요? 우선 변화된 노인들의 모습을 곳곳에서 발견하면서부터입니다. 변화는 '눈'으로 들어옵니다. 하지만 눈에 포착되는 변화도 관심이 없으면 건성으로 흘려보내게 되지요.

노년의 변화를 어쩌다 마주친 특별한 노년으로 인식할 수도 있다는 것이지요. 지금 우리의 현실이 바로 이런 노년에 대한 인식이 혼란한 시점이 아닌가 싶습니다. '고령화'의 기회 요소는 사람이 건강하게 활동할 수 있는 기간이 길어졌다는 사실입니다. 그런데 우리는 노인에 대한 고정관념으로 병약한 노년의 기간이 길어진다고 해석하고 있습니다. 그러니 고령화를 시한폭탄으로 해석할 수밖에 없지요.

고령화는 중년 기간이 연장되는 것을 의미하기도 합니다. 건강하게 활동 가능한 기간이 늘어난 것입니다. 지공선사(지하철 공짜 나이)와 천안행 지하철 노선이 노년의 활동영역을 넓혔습니다. 비용으로 계산되지 않았을 뿐이지 지하철 공짜와 천안행 기차가 노인들의 건강에 큰 기여를 했다고 생각됩니다.

과연 요양시설이 많은 도시가 복지 도시일까요? 노인이 다양하게 활동할 수 있는 도시가 복지 도시일까요?

노인이 많아지는 사회, 우리는 모든 생각의 틀을 뒤집어볼 필요가 있을 것 같습니다. 노인이 될 날이 그리 멀지 않은 모두가 미래를 짬짬이 생각해 보는 시간을 가졌으면 합니다. 그 속에 선명한 답이 숨어있지 않을까요?

자신의 노년을 생각해 보신 적 있나요?

　급변하는 사회 속에서 되돌아볼 틈 없던 노년, 그만큼이나 숨 가쁘게 살아온 세대에게 자신이 나이 들어간다는 사실은 참 당혹스러운 일입니다. 사람들을 만나면서 새삼스럽게 놀라게 되는 사실은 꽤 많은 사람이 '나이 듦'이란 자신의 사전에 없다고 생각한다는 것입니다.

　자기 기만인지, 정말 생각해 본 적이 없는지 혼란스러웠지만 '정말 생각해 본 적이 없다'는 것이 정답에 가까운 듯하네요. 곧 자신이 시어머니가 될 50대의 여성들도 집에 오시는 시어머니가 달갑지 않다고 합니다.

　혹 어떤 이들은 자기 의사 표현이 분명한 노인들에 대해 좀 없는 듯 있어 주면 좋겠다고도 합니다. 과연 자신의 노년의 삶이 '없는 듯 사는 것'인지 한 번쯤 자문해 본다면 그리 쉽게 말할 수는 없겠지요. 요즈음 자신감 있고, 생각이 명확하신 어르신들을 만나면서 안도의 숨을 쉽니다.

　'그래, 노년도 저렇게 자신의 생각과 자신의 삶이 있는 거야.'

　아이, 청춘, 장년의 의무까지만 자본주의 사회의 가장 큰 가치입니다. 돈이 되는 시장이기 때문이지요. 소비시장이 아니라는 이유로 방치되었던 노년, 우리가 방치한 그 노년이 엄청나게 길어진 시간으로 우리 앞에 다가왔습니다. 인생 100세 시대, 60세 이후의 삶을 외면할 수는 없습니다. 어찌 그리 외면하고 살았을까 싶은 것들이 우리 앞에 당면한 큰 숙제로 놓였습니다.

환경이 그렇고, 사람 삶의 총체적인 그림 속 하나인 노인이 그렇고, 소외되었던 많은 것들이 그렇습니다. 자연도, 사회도, 사람의 삶도 풀지 않고 그냥 넘어갈 수 있는 것은 없나 봅니다.

이제 노년을 직시해야 합니다. 안티에이징(Anti-aging), 나이 듦과 대적해 언제까지 싸울 수 있을까요? 결국 나이 듦을 즐기는 방법, 엔조이에이징(Enjoy-aging)을 찾아내는 것이 현명하지 않을지요.

살 만큼 살았다고 다 아는 건 아니다

당신의 노년 설계는 어떤 것입니까?

당신은 현재 노년을 위해 무엇을 준비하고 있습니까?

이 질문을 받은 당신은 무슨 답을 하실까요. '다 늙어서 새삼 무슨 설계가 필요해.'라는 생각을 하시지는 않을까요. '다 늙어서 30년' 그야말로 설계도가 필요하지 않을까요?

조금 더 젊을 수 있는,

조금 더 건강할 수 있는,

다른 사람과 잘 어울릴 수 있는,

뭔가 매일 의미 있게 보낼 수 있는

배움의 공간이 그런 곳이 아닐까요?

배움은 우리 노년의 매뉴얼에 없는 항목입니다. 어떤 분은 이렇게 말씀하시겠지요. '살 만큼 살았으니 알 만큼 다 안다.' 이것이 나이 듦의 덫이 아닐까요. 과거를 아는 것이지, 현재 아는 것은 아니니까요. 현재의 변화를 알아야 과거의 지식, 지혜를 현재에 의미 있게 전달할 수가 있습니다. 삶의 지혜가 '한소리 또 하는' 넋두리로 받아들여지지 않으려면 젊은 세대와의 소통도 공부해야 합니다. 19세기 노인과 20세기 노인의 삶의 방식은 달라야 합니다. '노인' 왜 아무도 되고 싶어 하지 않을까요? 멋진 노인을 본 적이 없기 때문입니다. '멋진 노년의 삶'을 믿지 않기 때문입니다. 이제 모두가 싫어하는 그 '노인'이 아닌 기꺼이 되고 싶은 인생의 한 시기로 기다려지는 노인을 만들어내야지요. 피할 수 없으면 즐기는 방법을 찾아내는 것이 지혜로운 삶의 방식이니까요.

젊은 남자가 많아지면 전쟁을 일으킨다지요. 그들의 에너지를 분출할 무엇인가를 만들어야 하기 때문이라더군요. 노년이 많아지면 무슨 변화를 만들어야 할까요? 변화를 시도하지 않으려 하는, 그래서 다른 기회에 노출되지 못하는 젊은 노인들을 변화로 이끌 수 있는 굿 아이디어, 간질간질하면 재채기가 나오겠지요. 많은 재채기가 사방에서 터져 나오면 좋겠네요. 저도 그 재채기를 준비하고 있습니다.

'노인은 원래 그래.' 그 생각이 당신을 원래 그런 노인에 머물게 합니다. 30년의 멋진 시간 디자인, 리봄이 만들어갑니다.

나이 드는 사회, 의사가 바빠졌다?!

현대를 융합의 시대라 합니다. 공존할 수 없는 상반된 가치로 여겨지던 것들이 섞여지며 완전히 새로운 가치를 창출해 내기도 합니다. 그 결과, 고정관념으로는 넘어설 수 없던 경계들이 거침없이 허물어지고 새 영역이 창조됩니다.

'아이의 공부에 방해되는 것'으로 간주하여 게임에 대해 우호적인 어른은 많지 않은 것이 현실입니다. 하지만, 권위의 상징인 의사가 게임의 캐릭터로 등장한다면 어떤 일이 벌어질까요? 의사가 진단하고 치료를 하듯 게임을 통해 두뇌 나이를 측정하고, 개선하는 닌텐도 두뇌게임이 등장했습니다. 게임에 대한 어른들의 고정관념을 한방에 날려버렸지요. 어른들은 게임을 하는 것이 아니라 유명한 뇌 전문 박사의 치료를 받는 것으로 게임을 인식합니다. 어른들의 게임에 대한 부정적 장벽을 허물어버린 것이지요. 가까운 사람의 말은 콩으로 메주를 쑨다고 해도 믿지 않지만, 유명하고 권위 있는 사람의 말에 대한 강한 신뢰가 시니어의 특성 중 하나라 합니다.

국내의 한 제과업체에서도 줄어드는 어린이 시장만으로 제과업의 한계를 느껴서인지 '의사가 권하는'이라는 콘셉트로 과자 소비의 대상을 넓히는 시도를 합니다. 이전까지 과자에 대한 고정관념은 아이들이 좋아하는, 건강에 그다지 유익하지는 않은 등의 생각이었습니다. 과자를 먹을 때면 누구나 '살이 찌지 않을까?', '당분이 많아서' 등 약간의 걱정을 안고 먹습니다. 건강을 지켜주는 의사가 권해주는 과자라? 과자에 대한 경계심이 한순간 사라지고, 안심하는 마음이 생겨납니다. '의사가 권하는'이라는 설정은 나이 든 사람들뿐만 아니라 아이를 키우는 엄마들의 마음 또한 위안해 주는 장치이기도 합니다.

과자는, 게임은 애들 것? 굳은 생각으로는 어떠한 새로운 시도도 할 수 없습니다. 사람도 변하고, 생각도 변하고, 시대도 변하고 있습니다.

행복한 인생 2막을 위한 큰 생각

'삼식(三食)이의 공포' 이야기 들어 보신 적 있으시죠? 집에서 한 끼도 식사하지 않는 남자는 '영식님', 하루 한 끼만 집에서 드시는 분은 '일식 씨', 하루 두 끼를 집에서 드시는 분은 '이식 군', 하루 세끼를 다 집에서 드시는 분은 '삼시 세끼'

이런 이야기 자체가 떠도는 것을 몹시 불쾌해하는 분들도 계십니다. '난 이식 군', '난 삼시 세끼' 하며 자조적이지만 인정하고 '어허, 참 세상이 어디로 가는 거야.' 하는 분들도 많습니다. 어쨌든 변화의 감을 느끼고 계신 분들입니다.

60대의 어떤 남자분은 또래 친구분들과 조찬모임까지 갖는다고 하시더군요. '아침 때울 명분이지 조찬은 무슨 조찬모임.' 하며 웃으시더군요. 나름대로 상황을 타개하기 위한 묘수들이 남자분들 사이에 논의되고 있는 것은 분명합니다. 어떠한 답이 찾아질까요?

이 상황에서 누군가 포만감과 영양까지 풍부한 식사대용 알약을 개발해 준다면 대박 상품이 될 것도 같은데, 아쉽게도 아직 그러한 기미는 보이지 않네요. SERI에서 추천한 CEO가 휴가지에서 읽어야 할 20권의 책 중 하나로 선정된 『빅씽크전략』에서 저는 답을 찾아보았습니다.

'작은 생각'으로 10년의 세월을 지지부진하게 보냈지만 단 하룻밤 사이에 그리스는 승리했다. 이것은 '큰 생각'이었다. 그리스인들은 트로이 사람들이 말을 좋아한다는 사실을 알았다. 그렇다면 왜 그때까지 그리스인들은 병사들을 숨길 수 있는 큰 목마를 선물하지 않았을까?

만약 그 목마를 통해 병사들이 도시로 들어가기만 한다면 성문을 활짝 열 수 있었을 텐데 말이다. 전통적인 군사 분석만을 가지고 계획했다면 그들은 이런 멋지고도 근본적인 작전을 생각해낼 수 있었을까? 그리스 장군 아가멤논은 오랫동안 밤을 보내며 숫자를 들여다보고 분석했을 것이다. 병력 수준, 전투대형, 식량 보급망, 성벽의 두께, 바람과 기후 조건 등. 하지만 아가멤논의 분석을 통해 그리스 장군들이 10여 년 동안 구사했던 일반적인 포위 전략을 전술적으로 바꾸어도 소용이 없었다. 그 전설적인 전투에서 교착상태를 깨뜨린 것은 오디세우스의 참신한 아이디어였다.

'큰 생각은 앞장서면서 생각하는 방식이다.'

'차려진 밥상을 받는 것이 가장의 권위라 생각하는 한, 답은 점점 멀어집니다. 트로이의 목마처럼 남자분들이 부엌을 점령하는 묘수도 있을 수 있지 않을까요?

시니어는 어디 있나요? 나는 시니어가 아니야~

시니어 상품을 개발하는 사람들이 한결같이 하는 말은 "시니어가 어디 있나요?" 라는 것입니다. 시니어가 모여드는 장소를 만들면 앞으로 커질 시니어 시장을 잡을 수 있을 것이라는 생각도 합니다. 근데 그 시니어들이 잘 모여지지도 않고, 모이더라도 별달리 선명한 의사표현들을 하지 않는다고 합니다. 아니, 원하는 정보를 주지 않는다는 표현이 더 적합하겠네요.

잣대가 틀리면, 수치를 측정할 수 없지요. 시니어들을 타깃으로 하는 비즈니스를 하기 위해서는 그들과 주파수를 맞추는 것이 가장 필요할 텐데 아직까지 사람들은 그 주파수 찾아내는 데 집중하지도 않고, 그런 채널이 있다고 생각지도 않는 것 같습니다.

시니어와의 주파수 맞추기, 시니어는 스스로도 자신과의 주파수를 맞추기가 쉽지 않습니다. 한참 젊다고 생각하는데 파릇파릇한 젊은이들과 소통하다 보면 '아~ 내가 늙긴 늙었구나' 하고 실감하니까요. 하지만 여전히 자신은 충분히 젊다고 생각하는 딜레마가 시니어들의 마음속이 아닌가 싶네요.

젊지만 또한 상대적으로 젊지 않은 시니어들의 딜레마. 그것에 어떻게 접근할 것인가? 그들이 흔쾌히 동의할 방법론, 해법을 찾아내는 기업이 앞으로 경쟁력을 얻게 되겠지요. 어쨌든 시니어 시장은 계속 커질 수밖에 없으니까요.

현재 눈 밝은 사람들은 시니어와의 접점을 찾아내 성공적인 비즈니스를 펼치고 있습니다. 그것이 굳이 시니어 비즈니스라는 타이틀을 달 필요가 없기 때문이지 현재 시니어마켓이 존재하지 않는 것이 아니지요. 물감이 번져들 듯 세상은 변해가고 있습니다.

이미 50대 이상 패션 브랜드의 출현이 낯설지 않은, 너무 늦은 감마저 느끼는 그런 사회에 들어섰습니다. 신문광고의 60% 이상이 시니어를 타깃으로 하는 상품광고입니다. 50대를 넘은 시니어 여성들의 활약이 눈부십니다. 매일 쏟아지는 시니어 관련 기사의 양이 감당할 수 없을 정도입니다.

시니어에 대한 집중은 이미 시작되었습니다. 그 속도는 한층 거세질 것입니다. 근데 시니어인 당신은 느끼고 계신가요? 당신이 뒤로 물러나지 않아도 되는, 뒤로 물러날 수 없는 세상이 오고 있다는 것을….

기회란 모두에게 오는 것은 아닙니다.

체면이 밥 먹여 주나?!

    은퇴를 앞둔 대부분의 남성이 은퇴 후를 위해 준비하는 것으로 하나의 코스처럼 정해져 있는 것이 공인중개사 자격증을 따놓는 것이라고 합니다. 원래 긴 줄에는 답이 없는 법인데 너도나도 긴 줄에만 쭈욱 서는 형상입니다. 많은 사람이 서 있기 때문에 여기가 답이 아닐 수 있다는 생각조차 하지 않습니다. 애초에 '대세'에 합류해 버리는 것이 대한민국에서 삶의 공식인 듯합니다.

    책임은 누가 질까요? 은퇴를 앞두고 그냥 누구나 하듯 공인중개사 자격증을 따놓았다는, 그러면 한 달에 200만 원 정도 벌 수 있다는 생각을 했다는 지인을 만나 얘기를 할 기회가 있었습니다. 그분은 자격증을 딴 후 부동산 사무실 자리를 알아보러 다니면서 그때야 동네에서 부동산소개업을 하는 사람이 대부분 여자라는 사실을 알았다고 합니다.

    왜 먼저 부동산 현황을 알아본 후에 자격증 준비를 결정하지 않은 걸까요? '나이 든 복덕방 할아버지'라는 오래전의 이미지가 그분의 머릿속에 자리하고 있던 것은 아니었을까 하는 생각이 듭니다. 자신의 은퇴 후에 대해 심각한 고민이 없었다는 얘기이기도 합니다. 그리고 이미 내려진 답 외에는 누구도 새로운 답을 찾지 않고 있다는 얘기이기도 합니다.

현재 대한민국에서 은퇴 후 가장 성공적인(?) 선택은 택시기사가 아닌가 싶습니다. 아무나 쉽게 될 수 있는 것은 물론 아닙니다. 택시를 탈 일이 생기면 은발의 택시기사분들 차만 의도적으로 골라 타는데 그분들과 얘기를 나눠보면 대부분 노후대책이 되어 있고, 탄탄한 인생설계를 하고 계십니다.

가장 당당한 노인분들을 어디서 만날 수 있냐고 묻는다면, 단연 '거리에서'라고 자신 있게 말할 수 있습니다. 또한 본의 아니게 다양한 세대와의 교류 때문인지, 생각도 가장 열려 있는 분들이 은발의 기사분들입니다. 은발의 기사분들을 연합한 한국형 MK, 양질의 택시 서비스가 이쯤에는 준비될 법하지 않을까요?(최근 택시협동조합이 만들어져서 이미 현실이 되어 있습니다)

현재 택시 운전을 하시는 노인들의 자긍심도 높일 수 있고, 안전 운전, 연륜에 따른 적절한 고객 응대 서비스, 네비게이션 기술의 보급 등으로 오히려 노인들에게 더욱 경쟁력 있는 일터가 아닌지. 이렇게 노인들이 현재 활동하는 곳을 중심으로 한 노인 인력의 미처 알아채지 못했던 경쟁력을 드러내주는 것들이 사회 전체적인 노인 인식 변화의 기폭제가 되지 않을까 싶습니다.

갑자기 한미그룹 부회장이셨던 서상록 씨가 은퇴 후 웨이터를 지원했던 도발(?)이 문득 떠오릅니다. 그의 일갈은 "체면이 밥 먹여 주나?"였습니다. 노년의 길, 산으로 향하는 길만 점점 길어져서는 안 될 것입니다.

텐포족, 공부를 시작한 새로운 노년

일전에 텐포족에 관한 신문기사를 읽고 마음이 무거웠던 기억이 나네요. 텐포족(Tenfour족)이란 직장에서 은퇴한 장년층이 대형서점에 10시쯤 모여들기 시작해서 온종일 책을 읽다가 4시쯤 매장에서 사라진다는 내용이었습니다. 아직도 길게 남아있는 인생인데 앞으로의 그들의 시간이 가슴 답답하게 느껴졌습니다.

그제는 볼일이 있어 아침나절 수원지역에 내려갔었습니다. 평일 10시쯤인데 등산복을 차려입은 사람들이 삼삼오오 짝을 지어 다니는 모습이 많이 눈에 띄었습니다. 건강을 챙기는 것은 좋지만, 건강을 챙기는 것 자체가 목적인 삶이 무슨 의미가 있을까 하는 의문이 드는 건 저만의 생각일까요?

일본의 시니어 비즈니스 전문가인 무라타 히로유키는 최근 '리타이어 모라토리엄'이란 표현을 사용하였더군요. 2007년을 기점으로 은퇴 연령에 도달한 단카이 세대는 은퇴 후 상당 기간의 유예시간을 거친 후 인생 후반에 대한 태도 결정을 하리라는 것이지요.

호들갑스럽게 '2007년 문제'라 하며 단카이 마켓을 상기시키던 그 마무

리치고는 좀 싱겁다 싶긴 하지만, 애초에 단카이라는 거대 인구층이 어떤 방향성을 향해 '요이땅~' 하고 움직이리라 생각한 자체가 난센스가 아니었을까 싶습니다.

이미 고령사회에 진입한 사회들은 고령자의 다양한 삶의 형태가 자리 잡아 가는 듯합니다. 왜 아니겠습니까? 그것은 이미 문제의 영역을 넘어선 그들의 삶에서 부정할 수 없는 일부, 아니 큰 부분인 것을…. 우리 또한 서서히 고령사회에 발을 내딛습니다. 하지만 롤러코스터를 탄 것처럼, 그 속도는 세계에서 가장 빠를 것이라고 합니다.

여러분은 오래 살게 된 세상에 초대받으셨습니다. 초대장을 받아든 여러분은 지금 무슨 생각을 하고 계신가요? 그 생각을 한번 나눠볼까요? 리봄의 두 번째 프로포즈입니다.

행복한 노년, 선진국 노인은 NPO에서 길을 찾는다

국민소득이 2만 불을 넘어서면 시니어가 캐주얼을 입는다고 합니다. 여기서 '캐주얼'이란 여가, 여유, 규정되어진 삶(산업전사)으로부터의 탈피 등 많은 의미를 함축하고 있겠지요. 결국 먹고 사는 문제에서 벗어나 비로소 중장년층이 숨돌리고, 새로운 가치에 눈떠가는 시점이라는 얘기로 바꾸어 말할 수 있겠지요.

우리가 현재 놓인 시점이 딱 그러한 때가 아닌가 싶습니다. 하지만 우리의 현실은 길어진 노년이라는 갑작스러운 통보에 어떤 준비를 해야 하는지도 모르는 채 당혹스러워하는 상태인 것 같습니다. 오래 산다는 것, 기쁨은 잠시, 길어진 노년에 대한 두려운 마음이 더한 듯합니다.

진시황도 얻지 못한 長生의 기쁨을 맞은 우리들이 행복하지 않은 이유는 뭘까요? 행복한 노후란 무엇인지, 한 번도 제대로 생각해 볼 기회가 없었기 때문이 아닐까 생각됩니다.

일하고 즐거움을 찾는 행복한 노후가 가능합니다. 하지만 그 길은 모두가 함께 만들어내야 하는 길입니다. 아직 길이 닦여지지 않았기 때문이지요. 우리보다 훨씬 앞서 고령사회에 진입한 나라들은 노인이 많아진 사회의 새로운 패러다임을 만들어가고 있습니다. 이 길의 끝은 다른 길의 시작입니다. 우린 지금 다른 길 앞에 서 있습니다.

먼저 고령사회가 된 선진국들의 특기할 만한 사항 중 하나는 NPO 활동이 활성화되어 있다는 것입니다. 고령자들의 '삶의 보람 찾기'가 자연스레 NPO 활동으로 연결된다는 것이지요. NPO 활동이 계기가 되어 소규모 비즈니스로 이어지기도 하는 등 고령자의 활동영역이 넓어진 것이지요. 당연히 다양한 고령자의 삶의 모습들이 생겨날 것이고요.

지금은 시니어가 다시 시작을 외쳐볼 기회입니다. 하지만 물론 모두에게 공평하게 펼쳐진 기회는 아니지요. 변화를 눈치채고, 그 변화를 기꺼이 받아들이는 분에게만 열리는 기회라 생각합니다.

길어진 노년을 피할 수 없다면 즐기는 방법을 찾아야지요. 새로운 희망적인 노년, 그 답을 찾고 계신가요? 찾으셨다면, 찾고 계신다면 함께 나누시지 않겠습니까?

'접점에서'

"저거, 저거, 저거… 얼마 안 있으면 땅 밑에 누울 것들이 모여있구만~"
80세 되신 어르신이 함께 모여 계신 어르신들을 향해 악의 없이 하시는
말씀입니다. 어찌 들으면 섬뜩할 수도 있는 이야기인데, 전혀 거부감이
느껴지지 않고 '사람이란 자연이구나' 하는 평소 익숙하지 않은 진실에
눈떠지는 순간입니다. 어르신들과의 교류에서는 늘 배움이 함께하네요.
^^*

어제는 ㈜리봄에서 시작하는 시니어커뮤니티 공간 '유트리'의 첫 스텝
인 어른들의 컴퓨터 교육장에 대한 홍보를 위해 직원들과 어르신들이
많이 모이는 공간으로 나서보았습니다. 며칠 동안의 추위 끝에 찾아온
따스함 때문인지 삼삼오오 짝지어 산책을 나오신 분들, 노부부가 손주
를 데리고 나온 경우, 홀로 건강을 위해 운동 나오신 분 등 많은 어르신
들로 공원은 활기차고 또한 평화로웠습니다.

홍보 전단을 나눠드리는 낯선 이방인들에 대한 어르신들의 반응은 크
게 두 가지 유형으로 구분되었습니다. 다른 사람의 접근을 전혀 허용하
지 않으시는 폐쇄적인 부류, 적극적으로 소통을 즐기고 관심을 가져주시

는 부류. 그리고 예상대로 두 번째 부류 분들의 모습은 연세보다 훨씬 젊으셨습니다.

"80세 노인네가 컴퓨터는 배워서 뭐하게…." 하시는 할머님은 소녀처럼 명랑하셨고, 디지털카메라로 찍은 사진 컴퓨터로 옮겨놓는 걸 배우고 싶으셨다는 할아버님은 기다렸다는 듯이 참여 의사를 밝히셨습니다. 경영 노하우를 일러주시는 분도 계시고, 좋은 사업 하신다며 격려해 주는 분도 계시고…. 관심 없는 척 슬며시 전단을 받은 후 꼼꼼히 읽으며 가시는 분, 지나쳐가셨다가 되돌아오셔서 관심을 보이는 분 등.

멋진 사이클 복장과 정정한 외양으로 나이를 가늠하기 어려운, 뵙기에는 충분히 액티브한 노년을 즐기는 모습으로 보이는 80대의 할아버님께서 "목숨이 붙어있어 사는 거지. 하루 세끼 먹고, 자전거로 한 바퀴 돌고, 이건 사는 게 아니지."라는 말씀을 하셨습니다.

젊게 유지된 체력만으로 그들의 노후가 준비된 것은 아닌 모양입니다. 뭔가 사는 보람, 사는 행복을 느낄 사회와의 연결고리가 필요함을 느끼는 순간이었습니다. 3월, 다시 봄이 시작되고 있습니다.

노화에 대한 관념이 노화 자체를 바꾼다

　제가 아주 좋아하는 연구결과가 있어서 알려드리고 싶네요. 미국 과학아카데미는 노화가 인간의 뇌에 미치는 결과를 연구해 1992년 '노화에 대한 관념이 노화 자체를 바꾼다'는 사실을 입증한 바 있다고 합니다. 이 말은 나이 들고 병드는 수순을 당연한 노화의 과정으로 알고 있는 사람과 그렇지 않은 사람은 실제로 노화의 진행 정도에 있어 큰 차이를 보인다는 것입니다.

　노화의 프로그램이 세팅되어 있는 분들은 모든 증상을 노화와 연관지어 생각하고 사소한 증상들도 노화의 과정으로 인지하며 적극적 대응을 하지 않아 빠르게 노화한다는 것입니다.

　반대로 자신의 최상의 상태를 항상 유지하고자 하는 마음을 가진 사람은 역으로 나이 듦에 의해 생기는 증상들도 어떻게든 개선하기 위해 노력하기 때문에 그들의 실제 나이와 겉으로 보이는 나이에 현격한 차이를 보인다는 것이지요.

　'믿는 대로 된다.' 여러분은 어느 편이신가요?

　'꿈꾸지 않는 사람은 젊었어도 이미 노년을 사는 것이고, 꿈이 있는 사람은 영원히 늙지 않고 죽는다.'는 멋진 말이 있더군요. 몇 세부터는 늙었다. 몇 세부터는 젊었다. 딱 무 자르듯 경계가 있는 것이 아님은 분명하지요. 그렇다면 지금 이 순간, 충분히⁽²⁾ 젊다고 생각하세요.

누가 뭐라나요? 아무에게도 해될 바 없는 행복한 착각인 것을! 끝으로, ㈜리봄의 첫 번째 프로포즈가 여러분들의 관심과 참여 덕분에 무사히 잘 치뤄졌습니다. 다음엔 더욱 알차고, 멋진 소통의 시간을 마련하도록 하겠습니다.

다시 한 번 감사드립니다.

신문은 꼭 종이여야 하나요?

일전에 한 지인이 젊은층이 신문을 거의 보지 않는 현실에 대해 시니어 분들이 어떤 반응을 보일지 기회가 되면 한 번 알아봐 달라는 얘기를 한 적이 있습니다. 저 또한 대학 강의를 할 때 90여 명의 학생 중 2~3명 정도만이 신문을 보고 있다는 사실을 알고는 놀랐던 기억이 있습니다.

마침 전문직 퇴직자분들의 워크숍에서 특강할 기회가 있어 질문을 던져보았습니다. 젊은 세대들이 정보를 접하는 방식이 종이 신문이 아닌 온라인으로 변한 것을 어떻게 생각하시나요? '시대가 변했으니 그럴 수도 있지.'라는 반응보다는 '큰일이야.'라는 반응이 좀 더 많았습니다.

여러분들은 어떻게 생각하시나요? 요즈음 노년을 대상으로 하는 새로운 잡지며, 정보지들이 생겨납니다. 기존 매체들이 독자층과 같이 나이 들어가고 있는데 과연 경쟁력이 있을지 조심스레 지켜보게 됩니다.

독자층이 나이 들어가고 있는 기존 신문들은 이미 건강식품, 시니어들을 위한 상품의 광고판으로 빠르게 변하고 있습니다. 최대의 광고 효과를 내야 하는 마케터들이 고객이 모이는 장소는 귀신처럼 알아내기 때문이지요.

요즈음 신문을 보면 부쩍 기사의 내용 또한 중장년층 이상에 비중을 두고 있다는 생각을 하게 합니다. 은퇴 후 이야기, 제2의 인생설계, 고혈압 등 성인병, 안티에이징 등이 단골기사로 올라옵니다. 의도된 기획인지, 고령화 사회다 보니 그런 기삿거리가 자연스레 많아져서인지 어쨌든 변화가 놀랍습니다.

나이 든 이들은 맞춤 정보에 나이 듦도 잊겠지만, 젊은 사람들이 신문을 보면 어떤 느낌일지 생각해 보게 됩니다. 과연 신문이 나를 위한 정보지라는 생각이 들까요?

제 편견일지 모르지만, 신문에 온라인과 관련하여서는 부정적인 기사가 많이 실리는 듯합니다. 왜일까요? 하고 여쭤보니 컴퓨터 하지 말고 신문 보라는 얘기지! 하고 한 시니어 분이 답변하십니다.

신문을 사랑한다면 건설적인 신문 비평 모임 한번 만들어 보시면 어떨까요? 절대적으로 옳은 것은 없습니다. 그동안 절대적이었다고 해서 앞으로도 영원히 절대적일 수 있는 것은 아닙니다.

우리가 알아왔던 '절대'를 다시 한 번 돌아보아야 할 때가 아닐까요? 절대불변의 사회란 미래가 없는 사회입니다. 세계가 미래를 향해 성큼성큼 걸어가고 있습니다. 작년까지만 해도 신문을 돋보기 없이도 보실 수 있다고 자랑삼으셨던 아버님이 며칠 전, 이제 신문보기가 힘들다고 낙담하십니다.

TV 뉴스에도 다 나오니, 신문은 보지 않으셔도 괜찮다고 말씀드렸더니 신문하고는 다르다고 말씀하시더군요. 신문에 난 얘기를 하실 때면 목소리에 힘이 들어가던 아버님은 이제 생각의 뿌리를 잃게 된 것이 걱정이신 걸까요?

50 넘어 무슨 좋은 일이?!

"점쟁이가 50대 중반 넘으면 좋다고 했는데. '그 나이 넘어 무슨 좋은 일이 있겠어?' 했었지. 글쎄, 이 나이에 이렇게 좋을 줄 누가 알았어. 정말 재밌어. 세상이 새롭고, 새로 배우는 게 너무 많아. 요새 사는 게 너무 즐겁다니까."

며칠 전 오랜만에 만난 지인이 한 이야기들입니다. 행여 남에게 들킬세라 표정관리 하느라 힘들었던 듯 그동안의 이야기들을 쏟아내십니다. 세상이, 삶이 이제야 제대로 보인다는 분들을 만나게 됩니다. 엄마는 50이 넘어 바다를 발견했다고 하던가요? 그 바다를 발견하는 분들의 소리는 날로 커질 것입니다.

한 신문에 글을 함께 싣고 있는 시사평론가분께서 어느 날부터 자신의 글이 제 영역을 침범하고 있는 듯하다고 말씀하십니다. 왜 아니겠습니까? 주변에 시니어 분들의 활약이 넘쳐나고 있으니 너무도 당연한 결과이지요.

그리고 당사자가 시니어에 가까워지다 보니 글의 내용 또한 그리 흐를 수밖에요. 변화는 저기에서 오는 것이 아님을 또 확인하는 순간입니다.

2010년은 더 많은 변화들이 기다리고 있습니다. 이제 끝을 향해서가 아니라, 또 다른 비약을 꿈꾸는 시니어들이 많아질 것이기 때문입니다.

요즈음 신문을 보면, 그동안 '시니어통'을 통해 전달하고자 했던 제 생각들이 다양한 분들의 글을 통해 쏟아져 나오는 것을 보게 됩니다. 이제 물꼬가 트였습니다. 더 이상 머뭇댈 시간이 없다는 절박함이 길을 만들고 있는 게 아닌가 싶습니다.

며칠 전 아버님 방에 컴퓨터를 옮겨 드렸습니다. 몇 번 도전하시다 실패하셨는데 다시 한 번 도전이 시작됐습니다. 노인전용 키보드를 준비해 드렸습니다. 영문, 자음, 모음이 구별되어 만들어진 키보드입니다. 글씨 크기도 한눈에 들어옵니다. 좀 더 도전 문턱을 낮추어 보았습니다.

그런데 94세 아버님 왈,

"이걸로 배우면 다른 데서는 할 수 없지 않니?"

"참나! 어디 가서 하신다고…?"

"그건 네 생각이고."

그토록 책에서 읽었던 시니어의 맘 속을 확인하는 순간입니다. 94세 노인의 맘이 이럴진대, 젊은 시니어들의 맘은 말해 무엇하겠습니까? 94세 노인의 도전도 시작됩니다. 까마득히 젊은 여러분들의 도전은 당연히 시작되어야 하지 않을까요? 시니어통에 대한 지난 한해의 관심과 사랑에 깊이 감사드립니다.

'난 시니어야!' 당당하게 말할 때

"난 내가 시니어라 생각하지 않거든?"

"난 노인이 아니야."

그렇다고 젊은 건 아니잖아요. 단지 남들이 생각하는 만큼 늙지 않았을 뿐. '늙었다'는 말이 제일 싫다고 합니다. 부정한다고 젊어진다면 그렇게 하세요. 변화를 받아들이지 않으면 더 이상 변화는 일어나지 않습니다.

노인, 시니어임을 흔쾌히 받아들이는 것, 그것이 사람들의 노인에 대한 편견, 시니어에 대한 편견을 변화시키는 가장 빠른 길이 아닐까요?

피할 수 없다면 즐겨라! 시니어, 노인이 되는 것도 이와 같은 자세가 필요하지 않을까요? 우린 때가 되면 모두 시니어가 되니까요. 한 번도 좋은 것이라 생각한 적 없어 부정하고만 싶은 나이 듦. 나만의 멋지고 당당한 나이 들어가기는 불가능하기만 할까요?

나이 들어서 좋은 점이 전혀 없는 것일까요? 지금 이 나이라서 좋은 것들을 5가지만 생각해 보세요. 그리고, 알려주세요. 그렇게 나이 드는 것이 나쁜 것만은 아니더라고. 그것이 다음 세대에게 전해 줄 어른의 책임이고, 선물이라 생각합니다. 시니어만이 할 수 있는 것, 볼 수 있는 것을 통해 사회를 좀 더 나아지도록 만드는 것. 그것이 노인이 많아진 사회의 또 다른 가능성이고 희망일 것입니다.

젊은 기자들이 혜안 없이 쓴 기사에 보면, 많은 댓글들이 올라옵니다. 기자보다 냉철한 관점들이 눈길을 끕니다. 그야말로 살아온 경험 속에 얻어진 지혜입니다. 아닌 건 아니라고 당당히 말하는 어른이 많아질 때 사회는 좀 더 성숙해질 것입니다. 이제 마땅치 않은 변화들에 끌끌 혀를 차지 마시고, 제대로 된 방법으로 어른의 의견을 펼쳐야 할 때입니다.

노인 스스로 자신에게 엄격할 때, 젊은 사람들의 존경은 절로 따라오지 않을까요? 이제 영원할 수 없는 젊음에의 미련을 떨구고, 노인만이 맛볼 수 있는 행복을 찾아야 합니다. 그러기 위해서는 움츠러든 어깨를 펴고, 마음의 주름살을 걷어내고, "난 시니어야!" 당당히 말할 수 있어야 합니다.

그런 멋진 노인들을 곳곳에서 만나는 날을 꿈꾸어 봅니다.

퇴직하면, 할 일 끝났다

분주한 연말입니다. 베이비부머 맏형의 정년퇴직이 시작되는 2010년을 보름 안팎 남겨두고, 이제야 발등의 불에 놀란 듯 정년 연장 논의가 불거졌습니다.

사냥꾼에 쫓기는 타조가 더 이상 도망칠 수 없을 때면 모래에 얼굴을 박아버린다고 합니다. 제 눈에 안 보이면 없다고 생각해 버리는, 불안을 회피하는 가장 쉽지만, 최악의 방법이지요

꽁지에 겨눠진 사냥꾼 총구의 차디찬 느낌이 서늘하게 전해진 모양입니다. 늘 그렇듯 때 늦은 감은 있지만, 반가울 수밖에 없는 소식입니다. 정년을 연장한다는 것은 어쨌든 좀 더 많은 나이까지 일하는 것에 대한 사회적 합의를 의미하니까요.

문득 떠오르는 이야기가 있습니다. 지인의 아버님은 정년퇴직 후에는 더 이상 일하지 않고, 자식에게 당연히 부양받아야 한다고 생각하는 분이었습니다. 그분은 퇴직과 함께 모든 활동을 멈추시고, 자초하여 가족의 짐(?)이 되셨습니다. 그때 나이가 50세였다고 합니다. 그분은 몇 년 전 80대 후반의 나이로 세상을 떠나셨습니다. 할아버지를 떠나보낸 가족들

은 짐을 벗은 듯 홀가분했을 듯합니다. 할아버지 식사 때문에 지인 부부는 함께 여행을 떠나보지도 못했으니까요.

저는 그 얘기를 들으며 설마 했습니다. 어떻게 그럴 수 있을까? 하지만 그 할아버님은 퇴직하면 자녀에게 부양받는다는 것 이외의 것을 생각해 본 적도, 배워본 적도 없는 세대의 분이셨습니다.

하지만 지금 세상은 어떤가요? 가르쳐 주는 곳은 없지만, 스스로 생각해 봐야 할 때입니다. 어디에서도 지인 부부와 같은 아들, 며느리를 찾기 힘든 세상이기 때문입니다.

이제 길게, 오래도록 일해야 한다는 것으로 사회적 합의가 준비되고 있습니다. 변화를 받아들일, 변화 속으로 뛰어들 충분한 준비가 되셨나요?

20년 전, 결코 오늘을 상상하지 못했다

또 하루 멀어져 간다. 머물러 있는 시간인 줄 알았는데…. 유행가 가사처럼 이렇게 생각하고 계시지는 않겠지요? 한 해가 또 멀어져가고 있습니다.

방송 준비를 위해 지난해에 이어 올해도 시니어 이슈를 정리해 보고 있습니다. 한 발짝 떨어져서 한해를 되돌아보니 빠른 변화가 실감 나네요. 변화는 어디에서 오는 걸까요? 부지불식간 준비된 환경이, 그리고 사람들이 변화를 재촉하는 듯합니다.

시니어를 둘러싼 변화를 보면서, 갑자기 한 친구가 떠오르네요. 20여 년 전 여자로는 흔치 않게 대기업에 들어갔던 친구는 많은 여자들이 그랬듯이 결혼과 함께 하던 일을 그만두었습니다.

그리고 20년이 흐른 지금, 그때 일을 그만두었음을 후회하고 있습니다. 20년 후 여자들이 적극적으로 활동하는 이런 세상이 오리라는 것을 생각해 보지 못한 것이지요.

시니어도 이와 같지 않을까 싶습니다. 60, 70대에도 열정적으로 일하는 선진국의 시니어들을 보면, 우리나라도 머지않아 그런 날이 오리라는 것을 예측해 볼 수 있습니다. 그리고 무엇보다 길어진 수명 때문에라도 경제 활동 기간을 가능한 한 연장해야 하는 현실입니다.

제가 시니어통을 만드는 이유는 예정된 미래를 좀 앞당겨보고자 하는 마음에서입니다. 결국은 준비된 마음이 미래를 만드는 것이니까요.

노인이 주목받는 세상이 시작됐다

　동분서주하며 한 주가 지나갔네요. 지난 금요일엔 '1인 창조기업' 워크숍이 있어 가평의 한 연수원에 다녀왔고, 토요일에는 한양대학교에서 열린 '고령친화 작업치료학회' 세미나에 강연차 참석했습니다. 두 곳에서 많은 분들을 만났습니다.

　노년을 이제 자신의 일로 느끼기 시작한 분들, 노년에 관한 관심이 직업으로 이어질 20대 젊은이들 다양한 이유로 노년과 닿아 있는 분들 그리고 새로운 도전에 가슴 설레는 분들. 많은 분들의 관심과 공감을 통해 노년의 삶이 성큼 저 먼 곳에서 실감할 수 있는 이곳까지 다가온 듯합니다.

　재채기와 사랑은 숨길 수 없다고 합니다. 그리고 또 하나 숨길 수 없는 것이 변화입니다. 그중 제가 늘 집중하는 것은 노년을 둘러싼 변화들입니다. 제가 안테나를 세우고 4년 동안 관찰한 우리 사회 노년의 변화에 대해 많은 분들이 공감하셨고, 노년을 좀 더 가깝게 느낄 수 있었다고 말씀하십니다.

　사람들은 흔히 노년을 문지방을 넘어선 저기 다른 곳에 있는 대상으로 생각하곤 합니다. 그리곤 비로소 자신의 노년 앞에서 화들짝 놀라는 듯합니다. 우리의 이 지나친 상상력의 빈곤이 노년의 사람들을 슬프게 하고, 우리 자신의 노년기 또한 희망 없게 만들고 있는 것은 아닌지요.

노년의 불편을 이해하고, 해결하려는 자세, 그것은 우리를 또 한 차원 다른 곳으로 안내하리라 믿습니다. 고령사회, 노년 또한 행복한 시기로 만드는 프로젝트 서울시의 '여성이 행복한 도시 프로젝트'가 끝나고 나면 '노년이 행복한 도시 프로젝트'가 바로 진행되어야 하는 것 아닐까요?

노년을 대상으로 한 많은 캠페인들이 있지만, 젊은 사람들이 자신의 노년을 상상해 볼 수 있고, 주변의 노인에 관심을 갖게 되고, 배려의 마음이 싹트게 하는 그런 아이디어는 왜 없을까요?

노인을 행복하게 만드는 상품과 아이디어는 결국 톡톡 튀는 젊음에서 나올 텐데요. 사람들은 노인들의 불편을 해결하는 선진 상품들을 보면서 모두 '앗' 하는 놀라움을 표현합니다. 노인의 불편이 해소될 수 있는 것이란 생각을 미처 해보지 못한 자신들을 반성하기도 합니다.

이제 우리는 노년을 직시해야 할 때입니다. 저곳 노년의 문제가 아닌, 나의 문제로 노년을 생각해야 할 때가 아닐까요?

노인 또한 비상(飛翔)할 때

비행노인이 늘고 있습니다. 비행기를 타고 해외여행을 떠나는 노인도 늘고 있고, 비행을 저지르는 노인도 급격히 늘고 있다고 하네요. 며칠 전 문화일보 기사에 따르면, 살인, 강도, 강간, 방화 이른바 '4대 강력범죄'를 저질러 검거된 노인 수가 최근 4년 사이 46.1%나 폭증했다고 합니다. 전체 강력범 증가율 23.5%의 두 배에 달하는 놀라운 기록입니다.

'노인의 비(非) 노인화' 즉 힘이 약하지도 어른스럽지도 않은 노인들이 늘어나는 것으로 고령을 이유로 형을 감면해주는 재판 관행 자체가 바뀌어야 한다는 전문가들의 지적이 나오고 있다고 합니다. 힘이 약하고, 어른스럽다(?)는 것을 이유로 노인들에게 일을 맡기기를 주저하는 분들은 생각을 다시 해봐야 할 때인 듯합니다.

'어른스럽다'는 것은 무엇일까요? 어른스럽다는 것은 충동적이지 않고, 자제할 줄 알고, 사리 분별할 줄 알고, 판단력이 있고 등을 내포한 말이지요. 비행청소년에 이어 비행노인까지 느는 이유는 무엇일까요?

시대가 세상이 변했기 때문이겠지요. 옛날에는 그런 적이 없는데 하시며 혀를 끌끌 차고 계시지는 않겠지요. 잘살게 되면서 얻게 된 성취의 부산물이니 인정할 수밖에요. 옛날에는 어른의 영역, 권위가 살아있었습니다. 우리가 살아온 한옥이라는 공간도 그랬고, 남녀노소의 구분이 생활 공간에도 반영되어 사회가 규정한 대로 유별한 세상을 살았지요. 그것이 맞다 그르다를 논할 계제는 아닙니다. 그때는 그것이 많은 사람에게 맞는 방식이었겠지요.

하지만, 현재 우리 주변을 둘러싼 환경들은 우리 전통의식을 따를 수 없게 급변해 버렸습니다. 아파트에 살기 시작하면서, 우리의 죽을 곳은 의문의 여지 없이 병원 중환자실이 되었지요. 태어난 곳도 병원이어야 하고, 죽는 곳 또한 병원이어야 한다고 생각합니다. 집에서 죽을 수 있다는 사실을 기억하는 사람들조차 점점 사라지고 있습니다.

아무 문제가 없던 그때로 되돌리자고 하는 사람들도 있지만, 그때는 치명적인 배고픔이 있었습니다. 배고플 수밖에 없었던 이유가 그때의 삶의 방식, 가치관에도 기인할 것입니다. 잃는지도 모르고 우리가 잃어버린 것들! 아쉬워하지만, 사실 그것들을 잊었기에 올 수 있었던 게 아닐까요.

비행노인의 발견은 역으로 힘도 세고, 어른스러운 노인들이 급증하고 있음을 보여 주는 반증이라고 생각합니다. 노인이 과거를 되뇌는 존재가 아니라, 미래로 향하는 나침반이 돼 주는 사회, 그야말로 지금이 그런 변화의 시기가 아닐지요.

지금은 노인 또한 비상할 때!

노인이 느린 게 아니라, 신호등이 짧다

며칠 전 일입니다. 아버님이 몸이 편찮으셔서 동네 병원엘 모시고 갔습니다. 차 세울 곳을 찾아 두리번거리고 있는데, 80세가 넘어 보이는 할머님이 눈에 들어왔습니다. 병원에서 나오는 길인 듯한 그녀는 한눈에 보기에도 병색이 완연하고, 거동이 불완전했습니다. 예사롭지 않은 느낌에 할머니에게서 눈을 뗄 수 없었습니다.

할머님은 힘겹게 어느 자동차 가까이 가더니, 뒷자리가 아닌 운전석에 타는 것이었습니다. 그리고 한참을 아무 움직임이 없더니, 신호도 켜지 않고, 도로로 진입하던 할머니 차가 맥없이 다른 차와 '쿵' 하고 부딪힙니다. 놀랄 일이 아닌, 너무도 당연한 사고였습니다.

아버님과 함께 병원 진료를 마치고, 약국에 들러보니 고령 노인들로 만원입니다. 바로 전에 보았던 할머니의 느린 동작처럼, 세상 전체가 느린 화면처럼 느껴지는 순간이었습니다.

느리게 움직이는 사람들과 빠르게 변하는 세상의 간극이 불안하기만 합니다. 누구나 자유롭게 이동할 권리가 있습니다. 나이 들었다고, 일순간 운전대를 포기할 수도 바깥 외출을 포기할 수도 없습니다.

한 자동차 반응 테스트 결과를 보면 65세 이상 고령자와 25세 젊은이의 인지반응에는 5초의 차이가 난다고 합니다. 노인들이 5초만큼 느린 대응을 한다는 것이지요. 5초는 짧은 순간처럼 느껴지지만, 속도를 내는 자동차의 경우 5초 차이는 큰 사고로 이어질 수 있는 위험한 차이입니다.

언제까지 운전할 것인가, 운전을 오래도록 하기 위해서는 어떻게 해야 하는가, 나이 들어가면서 한 번쯤 생각해 두어야 할 일입니다. 하지만 또 한 개인이 자의적인 판단을 하도록 무한정 내맡길 수만은 없는 일이기도 합니다. 익숙한 것을 손에서 놓기란 쉬운 일이 아니기 때문이지요.

고령자가 많아지는 사회의 풀어야 할 숙제들은 산재합니다. 이 숙제를 고민하고 풀어낼 때 비로소 선진사회에 가까워진다고 생각합니다. 노인이 길을 건너기에 길이가 너무 짧은 신호등은 노인을 사회의 짐으로 느끼게 합니다. 노인이 느린 것은 당연합니다. 신호등의 길이가 문제인 것이지요. 50대 이상이 인구의 30%를 넘어섰습니다. 이제 표준의 기준을 다시 생각해 봐야 할 때입니다.

시(詩) 쓰는 할머니로 돌아온 '윤정희'

한 정부기관에서 노인 인식 개선을 위한 이미지 공모를 하고 있습니다. 온라인상에 올라온 응모 사진들을 보니, 젊은이들의 시선에 포착된 노인들의 모습은 과연 노인 인식 개선에 도움이 될까 싶은 것들입니다.

가끔 들르는 시니어 분들이 운영하는 온라인 카페에 멋진 사진이 올라와 있습니다. 67세의 태권도 9단 마스터의 모습이었습니다. 얼굴에 맺힌 땀방울과 파워풀한 발차기 동작. 또래의 시니어 분들이 이 사진을 본다면 정신이 번쩍 들고, 멋진 자극과 동기부여가 될 듯한 모습입니다.

저도 이분 사진을 보면서 왠지 어깨에 힘이 들어가는 듯했거든요. 리봄의 회원이기도 한 전문 사진작가분의 사진이라 문의를 해보았습니다. 이분 사진을 노인 인식 개선 이미지에 공모하자고. 돌아온 답은 뭐였을까요? 이 분은 자신을 절대 시니어라 생각하지 않는다는 것입니다. 그러니 노인 인식 개선에 얼굴을 내놓을 수는 없겠지요. 노인이 아니니까~

노인과 노인 아님의 딜레마! 그래서 노인이 아닌, 시니어라 칭했는데, 이분은 더 멀리 계시네요. 이것이 현재 노년의 현주소가 아닐까요?

이창동 감독이 영화배우 윤정희(65세) 씨를 주연으로 캐스팅하여 '시(詩)'

라는 영화를 만든다고 하네요. 윤정희 씨는 60년대 여배우 트로이카로 이름을 날렸고, 피아니스트 백건우 씨와 결혼하여 현재 프랑스에 살고 있지요.

그녀가 연기할 '미자'라는 역할은 간병인으로 일하면서 이혼한 자식 대신 손주를 키우면서, 문화센터의 시 쓰기 강좌를 들으며 어린 시절의 꿈인 시 쓰기에 도전하는 연기라고 합니다.

장년층 이상의 문화적 욕구가 높아지고, 벤치마킹할만한 역할 모델이 필요한 시점에서 시기적절한 기획이라 생각됩니다. 할머니가 시를 쓰는 모습, 상상이 안 되신다고요? 젊은 날의 로망이었던 윤정희, 그녀를 따라 시인을 꿈꾸는 분들 많아지실 듯하네요~ 영화가 삶을 변화시키기도 합니다.

우물쭈물하다 내 이럴 줄 알았지?!

어디를 가도 나이 들어가는 세상이 보이네요. 종교계 또한 예외가 아닙니다. 남자는 나이가 들면 모두 기독교인이 된다고 합니다.

갈 곳이 없어 집을 사랑하는 사람, 집사.

일이 없어 장기간 노는 사람, 장로.

목적 없이 사는 사람, 목사.

한바탕 웃고 나면, 씁쓸함이 남는 유머입니다. 하지만 시니어 분들이 모인 자리에서는 이런 이야기들이 공공연하며 은연중 집사, 장로, 목사로서의 삶을 당연시하는 듯합니다. 그 막강했던 아버지들이 퇴직과 함께 갈 곳이 없어지고, 일이 없어지고, 목적이 없는 존재가 돼버리는 걸까요?

나이 든 남자에게 필요한 다섯 가지는? 이 또한 모르는 사람이 거의 없을 정도의 공공연한 유머입니다. 아내, 처, 부인, 마누라, 집사람이라지요. 어떤 분은 '인명재처(人命在妻)'라는 말까지 하시더군요. 나이 든 남자들의 아내에 대한 의존도를 단적으로 말해줍니다.

왜일까요? 당연히 아내 없이 할 수 있는 것이 없기 때문입니다. 한마디로 '홀로서기'가 안 된다는 것이지요. 지난번 지인들과의 산행에서 멋진 광경을 목격했습니다. 70대 정도로 보이는 남성 몇 분이 시원한 그늘에 둘러앉아 있었습니다. 그중 한 분은 사과 껍질을 끊어지지 않게 얇게 벗기고 계시더군요. 어찌나 그 모습이 자연스럽던지 지켜보는 내내 감탄사가 나왔습니다.

남녀의 역할에 대한 고정관념이 젊은층에서 빠르게 변하고 있습니다. 맞벌이 부부가 많아지다 보니 여건에 맞춰 유연한 역할 분담을 하는 것이지요. 정년 후야말로 부부 관계에 리모델링이 필요한 때가 아닐까요?

아내들의 "남편만 은퇴하나? 나도 은퇴하고 싶다!"는 말은 그저 하는 말만은 아니지 싶습니다.

어느 구청에선가 아버지를 위한 요리 실습 과정이 개설돼 있더군요. 우물쭈물하다 내 이럴 줄 알았지?! 준비된 인생은 후회가 적습니다.

'꽃노털'이라고 들어 보셨나요?

화려한 젊은 시절이 없었어도 훌륭한 노년기를 보내고 있는 분들이 많습니다. 머물 과거가 없기 때문인지, 그분들은 늘 현재에 최선을 다합니다. 나이 들면 배우고, 못 배우고 차이가 없다고들 말합니다. 현재 배우고 있는가가 중요한 것 같습니다.

'황야의 무법자' 클린트 이스트우드라는 미국 배우 기억하시나요? 그에게도 세월은 비껴가지 않았습니다. 하지만 그는 화려했던 왕년의 모습에 머물지 않았습니다. 지금, 그는 강한 메시지를 담고 흥행성까지 갖춘 영화를 만드는 80세의 현역 영화감독으로 활약 중입니다.

미국이니까 가능한 일?! 이제 우리에게도 '인생의 선배' 역할을 하는 멋진 현역 노인들이 나와야 할 때가 아닐까요? 그 주인공은 바로 당신이어야 합니다. 노년이 변하면 젊은이도 변합니다.

'꽃노털'이란 말, 들어 보셨나요? 젊은 사람들이 좋아하는 노인을 칭하는 따끈따끈한 신조어입니다. 입가에 웃음이 머금어지는 예쁜 말입니다. 그 '노털'이 꽃과 만나니 완전히 다른 느낌을 주네요. 왠지 신선한 노년의 이미지가 떠오르는 건, 저만 그런가요?

이곳이라면 젊음도 리필이 된다

　요즈음 재밌는 프로젝트에 참여하게 되어 홍대 앞에 한 주 동안 두 번이나 다녀왔습니다. 역시 홍대 앞, 곳곳에 그려진 그림으로 낡은 벽면, 골목길이 생생한 전시공간으로 탈바꿈합니다.

　홍대 앞은 지하철 타고 가는 일본 같습니다. 오밀조밀, 아기자기, 공간을 최대한 활용하여 배치한 것을 보면 흡사 10여 년 전 일본의 모습을 축소시켜 옮겨놓은 듯합니다.

　그리된 데는 다 이유가 있겠지요. 일본을 흉내 냈다기보다는 임대료, 인건비 등의 인상, 소비자 눈높이의 변화 등이 이런 변화를 만들어낸 것이 아닐까 생각됩니다. 글로벌 시대, 문화도 국가의 경계를 넘나들며 뒤섞이는 것이 어쩌면 너무도 자연스럽다는 생각이 듭니다. 동남아, 일본 등에서의 한류가 바로 그것이겠지요.

　40대 이상은 입장 불가, 팻말이 걸린 것도 아닌데 홍대 앞은 젊은 사람들 일색입니다. 낯선 이방인이 되어 둘러보는 홍대 앞은 먼 나라로 떠나온 여행도 아닌데, 문화 충돌 때문인지 설렘과 신선함이 가득합니다. 주택의 한쪽 벽면을 허물어 외부로 오픈하였습니다. 막힌 벽과 오픈된 공간이 대조를 이루며 낯설고도 친근한 퓨전 공간이 완성됐습니다.

연구 데이터에 따르면, 대학과 연계된 시니어 주택에 사는 노인들의 경우, 그렇지 않은 노인들에 비해 와병상태가 되는 확률이 훨씬 낮다고 합니다. 문득 떠오르는 이유는, '젊음' 바이러스의 감염 때문이 아닐까 생각해 봅니다. 커피가 리필(refill)이 되듯 이곳에서라면 젊음도 리필이 될 듯합니다.

젊음이 별것인가요? 묵은 지식을 고집하지 않고, 늘 새로운 생각의 싹을 틔울 줄 알면 그게 젊음이지요. 이번 주말엔 홍대 앞 나들이 어떨까요?

63세, 그의 젊음이 안타깝다

모든 것을 차치하고, 그의 죽음이 안타까운 것은 그는 우리가 가까이서 만날 최고 노년의 롤모델을 만들어갈 이였기 때문입니다. 갑작스러운 서거로 저는 그의 나이를 이제야 알았습니다. 향년 63세! 아깝고도 아까운 나이입니다. 그 어느 죽음이 '아직 할 일이 많다.' 하여 이러한 안타까움을 자아낼까요?

'전직'에 연연치 않고, 귀향하여 촌부로 돌아갔던 그의 모습은 쇼였겠지요. '권위'라는 쇼에 익숙하던 사람들에게 그의 쇼는 그야말로 생소하고 신선했습니다. 그래서 때론 무언가 홀린 듯 스스로를 의심하기도 했지요. 안타깝지만 그는 갔습니다. 60대, 동년배들에게 보다 젊은이들에게 더 공감받고, 사랑받던 그는 갔습니다.

안타까움과 미안함과 보고픔으로 눈물짓는 사람들이 있는가 하면, 그의 죽음을 명쾌한 잣대로 재단하며 인과응보라 하는 분들도 계십니다. 인과응보에서 자유로운 삶이 얼마나 될까요?

누가 옳고 누가 그름이 아닙니다. 그리 생각하는 데는 그러한 배경이 있을 테고, 저리 우는 데는 또한 저러한 배경이 있겠지요. 이곳, 우리 시비 너머의 세계로 떠나가신 분에 대해 우선은 아름답게 보내드리는 것이 도리가 아닐지요.

젊은이들이 더욱 사랑한 63세 남자, 노무현. 그는 제게 많은 숙제를 남겼습니다. 노인도 젊은이의 사랑을 넘치게 받을 수 있다. 솔루션까지도 잔뜩 남겼습니다. 하지만, 현재 노인들에게 그는 별로 인기가 없는 것 같다는 게 제 걱정입니다. 그를 벤치마킹하라 하면 화를 낼지도 모른다는 것이 저의 딜레마입니다.

63세 청년만 모르고 있었을 뿐, 많은 이들이 그에게 반해 있었습니다. 멋진 노년의 모델을 간직하게 된 젊은이들이 참 부럽습니다. 그들은 그렇게 나이들 수 있겠지요. 삼가 고인의 명복을 빕니다.

지금은 사회적 '효(孝)'를 말할 때

국가인권위원회에서 노인 인권 지키기에 나섰습니다. '노인인권지킴이'로 활동하실 분들은 60대를 전후한 분들로 본인 자신들이 노년을 앞두고 우리나라의 다양한 노년의 실상을 접해볼 수 있는 아주 의미 있는 프로젝트라 생각합니다.

지난주, 한 세미나에 참석했다가 85세의 멋진 할아버님을 만났습니다. 발표가 끝나고 질의·응답 시간이 마련되었을 때 그분은 발언권을 얻고 일어나서서 노인들의 입장에 대해 말씀하셨습니다. 노인들의 의견이 배제된 채 돌아가는 노인에 관한 무성한 논의에 대해 답답하셨던 듯합니다.

그분을 우연히 엘리베이터에서 다시 만나게 되었습니다. 인사를 드리고 명함을 드렸더니 "노인들이 자신들의 문제에 나서야 하는데…" 하시며 감사하다는 말씀을 잊지 않으셨습니다.

그렇습니다. 노인의 소리가 배제된 노년에 대한 논의는 노인 당사자들에게 공허하기만 합니다. 남의 다리 긁는 듯한 얘기들에 오히려 가려움은 더 심해집니다. 노년의 문제, 너무도 많은 노년의 문제들이 있습니다.

그런데 노인이 아닌 사람들은 그것을 문제로 보기보다는 노년이 직면

할 수밖에 없는, 개선이 가능하지 않은 영역이라 생각하는 듯합니다. 아니, 관심조차 없는 듯합니다.

어떤 젊은이가 이런 말을 하였습니다. 행복한 노년을 위해 가장 필요한 것은 '노후 생활을 즐기고자 하는 스스로의 자의식'이라고. 깊이 공감하면서도 또한 몹시도 마음 아픈 말입니다.

자식을 위해 희생하는 것을 기꺼이 '즐거움'으로 받아들이신 우리 부모님들의 노후 즐거움은 과연 무엇이어야 할까요?

가족 간의 '효'가 해결책이 될 수 없는 사회로 빠르게 변하고 있습니다. 이제 모두가 함께 사회적 '효'를 말해야 할 때가 아닐지요. 우리가 버린 '효'를 어디에서 다시 싹 틔울 수 있을지 깊고 빠른 고민이 필요합니다. 시계를 거꾸로 돌릴 수는 없기 때문입니다.

100세 시대, 온라인에서 물꼬를 열다

'되고 싶은' 노인, 역동적인 용어를 찾아라

　지난주는 정신없이 보낸 한 주였습니다. 배운 것도, 느낀 것도 많고, 고리처럼 이어지는 인연의 소중함 또한….

　'조선일보'와 '시니어통'이 함께 설문조사를 진행하여 어버이날 의미 있는 신문기사가 만들어졌습니다. 여러분들의 적극적인 참여 덕분입니다. 다시 한 번 감사드립니다.

　시니어 '통(通)'을 자처하고 보니, 노인은 못 만나고(?) '노인'을 각양각색으로 정의 내리고 있는 다양한 사람들과 '노인'을 화제로 마주하게 됩니다.

　저마다 그리고 있는 노인이 어찌나 다양한지 '노인에 대해 가닥이 잡히지 않는 것'이 비단 저만의 일은 아닌 듯합니다. 왜일까요? 변화된 세상과 사람을 변화된 관점으로 바라보지 않기 때문이 아닐까 생각됩니다.

　오래지 않은 옛날, 교육, 생활, 소득 수준의 향상으로 아줌마 그 이상을 꿈꾸는 아줌마가 많아졌습니다. 하지만 '아줌마'라는 한계 지어진, 부정적인 고정관념의 세상에서 아줌마는 아줌마 이상의 존재가 될 수 없었습니다.

　'아줌마'에 담긴 모든 고정관념, 한계를 넘어서는 '미시'라는 용어가 생겨났습니다. 미시는 아줌마의 벽을 단번에 뛰어넘었습니다. 그리고 현재 우리는 '아줌마 파워'를 당연시하는 세상에 살고 있습니다.

'노인' 또한 이와 같지 않을까요? 현재 많은 노인들이 '나는 노인이 아니다.'라고 말합니다. '노인' 하면 떠오르는 고정관념이 자신이 되고자 하는 모습과는 거리가 있기 때문입니다. 그래서 스스로 노인임을 인정하지 않고, 누군가 자신을 노인 취급하면 더더욱이나 싫어합니다.

'늙지 않고 나이 들고 싶다'는 새롭게 노년에 접어들고 있는 사람들의 열망은 이루어질 수 없는 꿈일까요? 그들의 바람이 단지 노쇠하는 것에 대한 두려움만은 아니라고 생각합니다. '다른 노인이 될 수 있다는 자신 감', '새롭고자 하는 욕구'와 기존의 고정관념 속의 노인이 돼 버릴지 모른다는 두려움이 함께 하는 것은 아닐지요.

고령사회, 걱정만 할 일이 아닙니다. 노인을 새로운 존재로 거듭나게 해야지요. 아줌마가 달라졌듯, 노인 또한 달라질 수 있습니다. 그리고 당연히 달라져야 합니다.

지금, 노인에게도 '미시'와 같은 희망적인 용어를 선사할 때입니다. '노인통'보다는 '시니어통'이 와 닿지 않으신가요?

지금 우리에게 필요한 건 '약간'의 상상력

80세를 넘은 연로한 분께서 50대 이후의 다양한 연령대가 모이는 모임에 참석하셨답니다. 산행모임이 있었는데, 80세 넘은 분께서도 참석하셨다네요. 60세를 넘기신 분의 의견은 "자신의 나이를 생각해서 참석하지 말았어야 한다. 산행에 따라나설 정도로 건강을 잘 돌본 것은 훌륭한 일이나, 나라면 다른 젊은(?) 사람들이 불편하게 생각하는데 굳이 산행에 따라나서지는 않을 것이다."라는 내용이었습니다.

분명 사려 깊은 분의 생각입니다. 그리고 많은 분들이 이렇게 생각하는 것이 현실이고, 대다수가 동의할 것입니다. 그렇다면 50대 이후 분들이 술자리에서 선창하는 '9988234'는 어찌 실현될 수 있을까요?

남에게 폐가 되는 나이가 되면, 건강이 따라주어도 젊은 사람들이 불편해하니 빠져주는 것이 어른의 '도리'다. 99세까지 팔팔하게 사는 분들은 우리가 말하는 '어른의 도리' 속에서 행복하지는 못한 듯합니다.

'9988234'와 '어른의 도리'의 딜레마를 우리는 어찌 풀어가야 할까요? 60대 노인이 70대의 행동이 굼뜬 노인을 보면 "저 몸으로 왜 다녀?"라고 한다고 합니다. 나는 여기 영원히 머물 거라는 착각, 지금 우리에게 필요한 것은 약간의 '상상력'이 아닐지요?

　장애인, 노인도 편히 다닐 수 있는 환경이 마련된 선진국에서는 거리에서 장애인도 노인도 많이 만날 수 있습니다. 후진국엔 장애인도 노인도 눈에 띄지 않습니다. 우리들 스스로 자신의 미래를 뒷방으로 내몰고 있는 것은 아닌지 점검해야 하지 않을까요?

'노인'에 대해 배운다는 것

실버산업에 대한 관심이 깊어질수록 난감하게 떠오르는 의문이 있습니다. 저마다 공주, 왕자로 자란 아이들이 과연 노인들의 마음을 헤아리고, 응대하는 서비스를 해낼 수 있을까?

지난주, 지인께서 일상생활이 불편해진 노부부가 생활할 실버타운 정보를 요청하여 한 실버타운에 들러보았습니다. 시설을 운영하는 분들과의 이런저런 얘기 중에 "왕비들의 시중을 들 수 없다."며 실버타운을 떠나는 젊은 인력들에 대한 이야기도 있었습니다.

지난 토요일, 전주 우석대에서 열린 '한국작업치료 고령친화산업정책학회' 학술 세미나에 참석했었습니다. 그곳에서 다시금 떠올리게 된 것도 젊은 사람들의 노인 돌봄, 과연 어떤 응대 매뉴얼로 가능할 수 있을까 하는 것이었습니다.

젊은 사람들이 '노인은 나와는 다른 사람'이라고 생각하는 한 아무리 잘 짜인 응대 매뉴얼이 있다고 해도 노인들의 마음에 다가갈 수는 없다고 생각합니다. '노인 또한 나처럼, 혹은 나와 같은 사람이다. 단지 세상을 좀 더 오래 살아서 다른 부분이 있다. 그리고 나 또한 노인이 될 것이다.' 하는 마음 자세라면, 특별한 응대 매뉴얼에 따르지 않아도 비교적 쉽게 소통이 이루어지지 않을까 생각됩니다.

그러면서 문득 실버산업에 대해 대학에서 강의할 때 내게 공부했던 학생이 보내온 카드 내용이 떠올랐습니다. 아무도 가르쳐주지 않았기 때문에 노인을 '저기 다른 존재'로 생각했던, 그러나 노인 또한 '나와 다르지 않음'을 배운 후의 생각과 행동이 변화됐다는 글입니다.

가르치지 않으면 모릅니다. 하지만 진정 가르쳐야 할 것은 노인이 우리와 얼마나 다른 존재인가? 하는 것만은 아니라고 생각합니다. 노인에게 친절한 자신을 발견하는 기쁨, 부모님의 입장에서도 생각해 보는 스스로에 대한 대견함 하나를 주니, 열을 깨우친 그녀의 글이 제게도 소중한 보람으로 남아있습니다.

E-mail을 사용하는 손주와 어떻게 소통할 것인가?

일전에 '시니어와 IT의 동행'이란 주제로 리봄의 프로포즈를 진행한 적이 있습니다. 조금 더 진일보한 내용으로 시니어와 IT의 동행에 관한 두 번째 프로포즈를 진행하려 합니다.

인류는 컴퓨터라는 진화된 도구의 발명을 통해 비약적인 발전을 이루어내고 있습니다. 이제 컴퓨터는 노인들에게도 유용한 도구여야 합니다. 하지만, 현재 대다수의 노인에게 컴퓨터는 유용한 도구이지 못합니다. 정보화 교육이 지속적으로 진행되고 있지만, 현재의 환경에서 노인들의 정보화는 요원하다고 생각합니다.

IT 강국, 대한민국 시니어의 컴퓨터 이용률은 저조합니다. 정보가 소통되지 못하면, 세대 간 벽은 더욱 높아질 것이고, 컴퓨터 사용 여부에 따라 노인들 간의 격차 또한 커질 것입니다.

E-mail을 사용하는 손주와 어떻게 소통할 것인가? '답은 있다'는 대전제하에 '어떻게'의 문제를 논의하고자 합니다. 제가 잠깐 미래에 다녀와서 여러분께 조금은 힌트를 드릴 수 있습니다. ^^* 하지만 정답은 우리들 안에 있다고 생각합니다. 세스 고딘의 『보랏빛 소가 온다 2』에 이런

말이 있더군요.

 '혁신은 누가 만드는가? 바로 당신'

 그 말에 힘을 얻어봅니다. 많은 분들 참여하셔서 활발한 논의의 장이 되었으면 합니다. 혁신은 누가 만드는가? 바로 당신입니다.

93세 노인이 돌아보면, 70은 한창때!

일본에 100세 이상 노인에게 은접시를 선물하는 관례가 있다고 합니다. 그런데 최근 100세 이상의 노인이 너무 많아 은접시의 사이즈를 줄였다고 하네요. 일본은 이미 65세 인구가 인구의 20%를 넘어서는 초고령사회로 진입했습니다.

얼마 전, 분당 FM 방송에 아버님과 함께 출연했습니다. '차 한잔 합시다'의 게스트로 초대된 것입니다. 내용은 93세 아버님의 건강 비결에 관한 이야기와 ㈜리봄의 시니어 라이프 디자인에 대한 소개였습니다.

진행자는 아버님이 93세라는 말에 놀랐습니다. 지팡이에 의지하지 않은, 꼿꼿한 모습이 진행자가 알고 있던 90대 노인의 이미지가 아니었기 때문입니다. 진행자는 93세의 아버님이 정정하게 보청기도 없이 질문을 한 번에 알아듣고, 답변하는 것도 놀라워했고, 돋보기 없이 신문을 보신다는 것을 듣고도 놀라워했으며, 매일 운동을 하신다는 말씀에도 놀라고, 80세 후반까지 운전하셨다는 얘기를 듣고도 놀랐습니다.

어찌 보면 놀라는 것이 당연할지도 모릅니다. 제가 오히려 건강한 아버님과 생활하면서, 93세 노인에 대한 착오를 일으키고 있는 것인지도 모릅니다. 저는 아버님이 자신의 건강 상태에 비해 조금 더 의욕적이지 않은 것을 채근하게 됩니다.

93세는 이래야 한다?! 교과서는 없습니다. 여러분의 90대의 모습, 혹시 상상해 보신 적 있으신가요? 저희 아버님 모습을 보시면서 희망적인 노년을 꿈꾸어 보시기 바랍니다.

본 적 없는 것을 꿈꾸기는 어렵지만, 롤모델이 있다면 한결 꿈에 가까워지겠지요. 노년의 롤모델이 필요한 이유입니다. 멋진 노년의 모델이 곁에 있는 저는 행운아입니다.

아~ 저렇게 나이 들고 싶다

출판계는 2~3년 전부터 발 빠르게 인생 후반기를 새롭게 조명하는 책들을 쏟아내고 있습니다. 얼마 전 서점에서 보니, 외국의 유명한 인물들 중에서 50대 이후에 놀랄만한 성과를 낸 분들의 이야기를 모아놓은 책이 출판되었더군요.

왜 그리 먼, 남의 나라 이야기가 필요했을까요? 우리 곁에도 이미 시니어 스타들이 곳곳에서 탄생하고 있는데요. 이순재, 이어령, 박완서, 김수현, 이외수, 장미희 등 이들의 공통점이 무엇일까요?

온·오프라인을 뛰어넘는 왕성한 활동으로 주목받는 인물들입니다. 이들을 과연 우중충한 노년으로 인식하는 사람이 있을까요? 저분들의 평균연령은 어림잡아 70세 전후일 듯합니다. 이들에게 나이는 그야말로 숫자에 불과하지요. 그리고 나이는 오히려 그들에게 프리미엄을 선사합니다.

'아~ 저렇게 나이 들고 싶다~' 20~30대 젊은 사람들도 열광합니다. 현재 40대를 넘기신 분들 중 과연 노년의 롤모델을 가져본 적이 있나요? 꼬부랑 노인을 면하겠다는 생각 외에 정작 우리 자신이 멋지게 나이들 수 있다는 생각은 해보지 못 하고 살아오지 않았나 싶습니다.

꿈을 크게 가진 아이가 뭐라도 한자리한다고 합니다. 꿈이 없다면, 목표점이 없다면 아무러한 의욕도 있을 리 없지요. 인생 중반 문턱을 지난 사람들이 모여드는 온라인 커뮤니티에 보면 노년을 준비하는 글귀들이 많이 눈에 뜨입니다. 그런데 한결같이 젊은 사람 눈 밖에 날 행동을 제지하는 '○○ 하지 마라' 일색입니다. 노년의 목표가 눈치꾸러기 면하는 것이라는 사실이 서글프기만 합니다. 그런 노년을 보는 젊은 사람들은 과연 행복할까요?

아~ 저렇게 나이 들고 싶다. 인생 초반부터 지친 현재의 젊은 세대들에게 긴 인생을 희망적으로 바라보게 할 노년의 삶, 지금 그 길을 낼 때입니다.

20대 남자와 60대 남자 그리고 핸드백

"엄마처럼 살지는 않을 거야." 딸들이 엄마의 삶을 보면서 하는 한결같은 말이라지요. 드디어 엄마처럼 살지 않는 딸들의 대거 출현으로 사회는 일순간 물구나무를 서버린 듯도 합니다.

여친의 핸드백을 든 20대 남자들의 모습은 회귀한 일이 아닙니다. 그것을 이상하게 바라보는 사람들을 오히려 그들은 이상하다고 합니다. 둘 다 이상하지 않습니다. 각자 다른 시대 속에 나고 자랐기 때문이지요.

유트리의 60대 후반 학생이 하는 말입니다. 끗발 좋게 잘나가던 사람도 은퇴하더니 마누라 핸드백 들고 졸졸 따라다니더라며 통쾌해 하시더군요.

아직 그분들 세대에선 마누라 핸드백 들어주는 순간, '남자 인생 끝났다'가 대세인 듯합니다.

쌩쌩한 젊은 연인의 핸드백도 기꺼이 들어주는데, 나이 들어 힘 없어진 아내의 핸드백 들어주는 데 인색한 것, 한 번쯤 생각해 봐야 할 문제 아닐까요? 그깟 가방이 얼마나 무겁다고. 그렇죠? 그깟 가방이 얼마나 무겁겠습니까?

자존심은 놓고, 고정관념도 놓고, 실속 한 번 들어 올리시면 어떨까요?

구식과 신식, 그 사이 정답은 '내 식'

"까~치 까~치 설날은 어저께고요. 우리~우리 설날은 오늘이래요." 글로벌(국제표준)과 우리의 전통, 두 번이나 새해를 맞이하는 특혜를 누리고 있는 대한민국에 살고있는 저는, 왜 한 번도 제대로 새해를 맞이했다는 느낌을 받지 못하고, 심기일전할 연초 한 달을 흐지부지 낭비한 기분일까요?

저만 그런가요? 빠르게 세상이 변하고 있습니다. 사회 구성원도 변하고 있습니다. 해오던 익숙했던 것들, 너무 익숙해진 것들에 대해 '왜?'라고 물어야 하지 않을까요?

명절 때면 항상 논쟁의 중심이 되던 '며느리 명절 증후군' 기사는 어느덧 박물관에서 찾아야 할 이야기가 되고 있습니다. 문득 생각하면 참 세월의 변화가 느닷없다 싶기도 합니다.

어느 50대 여성의 말입니다. 남들은 콘도에서 명절을 지낸다 어쩐다 해도 특별한 경우겠지 했었답니다. 그런데 어느 날 주변을 둘러보니 명절에 여행을 가는 사람들이 더 많더라는 것입니다. 집에서 제사 지내는 자신이 구세대 취급받는 상황이 황당하기도 하고 혼란스럽다는 것입니다.

제사를 간소화하거나 나름대로 자신의 가풍으로 새롭게 만들어가는 집들도 늘고 있습니다. 제사라는 풍속이 지속 가능하기 위해서는 그 시대 구성원들에게 맞는 새로운 시도와 변형이 필요하겠지요. 남겨야 할 것은 제사의 '형식'이 아닌. 제사의 '본질'이 아닌가 하는 생각을 해봅니다.

2월 초인데, 아직까지 새해 인사에서 벗어나지 못한 것이 억울하다는 생각에 얘기가 길어져 버렸네요. ^^* 요즈음 책을 읽으면서 느끼는 것인데 수많은 책들이 결국 담고 있는 메시지는 '하라(실천하라. 실행하라. 움직이라)'는 것입니다. 콩 심은 데 콩 난다. '무엇이건' 심어야 '무엇이건' 납니다. '뉴턴'이라는 남자가 아무 생각 없는 사람이었다면, 사과나무에서 떨어진 사과에 '눈탱이가 밤탱이가 되는' 경험 이상은 없었을 것입니다. 끝없이 '답'을 찾던 뉴턴이었기에 떨어지는 사과를 보면서 만유인력의 법칙을 확신했겠지요.

'하자 클럽' 하나 만들어 볼까요?

명함첩은 명함 크기만해야 한다?!

인사를 나누고, 명함을 교환할 때면 가방 속에서 명함첩을 찾느라 부스럭 거리거나, 명함첩에 빽빽이 명함을 준비해간 경우에는 꽉 끼는 명함첩에서 명함 한 장 꺼내는 일이 쉽지 않습니다.

초면인 분 앞에서 차암~ 난감한 순간이지요. "얘가 나오기 싫은가 보네요." 하고 웃어넘기는 게 한두 번이 아닌데 명함첩을 교체할 생각은 하지 않습니다. 비슷한 상황을 반복하는 것이지요. 어찌 보면 이것이 생활을 개선하기보다, 익숙한 것을 반복하며 후회하는 우리들 삶이 아닌가 싶습니다.

지난해, G스타 게임쇼의 '실버와 게임' 관련 토론에 패널로 참여한 적이 있습니다. 행사 후 게임산업협회에서 기념품을 만들어 보내왔습니다. 영문으로 제 이름이 새겨진 예쁜 명함집입니다.

명함을 넣었다, 뺏다 하기도 좋고, 일단 큼직해서 가방에서 찾기도 쉽습니다. 그리고 제 나이에 걸맞은 듯한 넉넉한 크기가 왠지 푼푼하고 '바로 내 것이다.' 하는 느낌이었습니다. 그리고 가지고 다니면서 여러분들로부터 멋진 명함케이스라는 찬사를 들었답니다. ^^*

명함첩을 바꾼 이후 명함을 교환하는 시간은 더욱 즐거운 시간이 되었습니다. 저는 시니어 비즈니스는 "권해주는 비즈니스다."라고 말합니다. 사람은 한두 해 나이를 더해갈수록 나름의 타성이 생깁니다. 그래서 나이든 소비자를 설득하기 힘든 까다로운 소비자라고 하는지도 모릅니다.

그런데 어찌 보면, 새로운 물건의 편의성에 눈 뜰, 노출될 기회가 별로 없기 때문이기도 한 것 같습니다. 대개의 물건들이 젊은층의 눈높이에 맞춰져 있거나, 나이 든 사람을 겨냥한 경우 너무 '노티'나는 상품 일색이기 때문입니다.

누군가 명함첩에 관한 저의 불편을 눈치채고 멋진 해결책을 제시하는 상품을 권해주었다면, 저는 기꺼이 그 명함첩을 구입하지 않았을까요?

그런 필요성을 느끼는 소비자가 비단 저 하나만은 아닐 듯합니다. 시니어만을 위한 어떤 특별한 상품도 만들어져야 하겠지만, 지금 판매되는 상품들 중 시니어들에게 유용한 상품을 권해주고, 그들에게 왜 필요한지, 어떤 가치를 주는지를 잘 설명해 주는 것만으로도 새로운 고객이 생겨나지 않을까요? 시니어를 위한 물건을 만들어야 하는 것이 아니라, 생각디자인이 필요하지 않을까요?

'성(性)'은 건강한 사람의 일상이다

시니어 분들과의 동행 모임이 있던 날입니다. 늘 궁금한 것이 많은 탓에 생각을 모으고 이야기에 귀 기울입니다. 달리는 버스 속, 평균 나이는 57세 정도, 70세를 넘긴 분도 계십니다.

이야기는 자연스레 Y담(야한 이야기)으로 흘렀습니다. 명강사로 활동하시는 분께서 교육장에서 Y담이 없으면 조는 수강생들을 집중시킬 수 없다며 현장에서 익힌 재미난 이야기들을 풀어놓으셨습니다.

듣는 이들은 자연스레 추임새를 넣으며 이야기를 경청했지요. 순박한(?) Y담이 오가며 분위기는 화기애애했습니다. 그런데 그중 한 분께서 인터넷에 떠도는 젊은 세대의 성 의식을 담은 Y담을 이야기하셨습니다. 어르신들께서 단지 야한 이야기로 받아들이기에는 심리적인 저항이 있는 이야기였습니다. 짧은 웃음과 정적….

야한 이야기마저도 세대 차이가 있었던 것입니다. 젊은 사람들의 개방된 장소에서의 자유분방한 스킨십에 종종 혀를 차는 어르신들이 계십니다. 젊은이들 또한 기성세대의 '노래방 문화' 등 왜곡되고 은폐된 성문화에 비판적이기는 마찬가지입니다(하지만 물론 양쪽 다 전부는 아닙니다).

기성세대의 성문화가 은폐된 것이었다면 젊은 세대의 성 의식은 좀 더 오픈됐다는 것이 가장 큰 차이일까요? 옳다, 그르다의 관점으로 해석할 수는 없는 부분인 것 같습니다.

　'성'이란 부분은 그 시대에 통용 가능한 형태로 노출되고, 어느 시대의 논리가 절대적인 가치 기준이 될 수는 없겠지요. 매스컴에서 노인의 성에 관한 논란도 점점 수위를 높여가고 있습니다.

　성은 젊은 사람의 전유물이 아니라, 건강한 사람의 생활 일부이지요. 노년의 성이 회자되는 것은, 노인에 대한 깊은 관심이 시작되었다는 방증이 아닐지요. 자신의 세대와는 다르다고 젊은이들의 애정 표현 방식을 질타하는 순간, 노년의 성 또한 존립 기반을 잃습니다.

　젊은이의 성마저도 은밀하던 지나간 시절엔 노년의 성에 대한 논의 자체가 없었습니다. 너무 세상이 급하게 변해, 때론 따라잡기 힘들지만 가만 정리해 보면 그것이 있어, 저것이 있는 것이 아닐지요. 꼼꼼히 들여다보면, 모든 변화에는 다 이유가 있습니다.

내 인생에서 처음인, 시니어 라이프!

내가 시니어인데 '시니어의 삶'에 대해 왜 배워야 하지요? 얼마 전 한 보험사 50대 이상 회원분들을 대상으로 강의를 할 때 어떤 남자분께서 하신 질문입니다. 저 또한 오랜 기간 동안 반복했던 질문입니다. 그 질문에 대한 답은 앞서 시니어가 되신, 블로그를 통해 알게 된 60대 중반의 김홍 교수님께서 알려 주셨습니다.

'처음 나이 든 거라 노인 역할을 어떻게 하면 잘하는 것인지 배워보고 싶다.'는 아주 신선한 이야기를 들려주셨습니다. 아~! 맞아. 노인은 처음 돼보는 거지. 그리고 이 시대 노인으로 살아간다는 것은 또 다른 의미가 있지 않을까? 아마도 그분께서 고민하고 있는 지점도 바로 그것이 아니었을까 싶습니다.

어느 나이나 인생에서 2번 경험하는 지점은 없습니다. 늘 그 시절을 지나고 나면 아쉬움이 남는 것은 돌이킬 수 없기 때문이지요. 완벽할 수는 없지만, 그래도 조금은 덜 후회가 남는 삶! 그런 지점에 시니어 라이프 디자인이 필요한 것이 아닐까 싶습니다.

100세 시대, 쉼표로만 남겨두기에는 너무도 많은 시간이 기다리고 있습니다. 쉼표에 꼬리가 떨어지면 마침표입니다. 마침표 같은 쉼표, 그런 삶을 누구도 꿈꾸지 않을 것입니다. 누구나 마침표를 찍기 전까지 계속되는 삶의 이야기를 쓰고 싶습니다.

배운다고 다 그대로 따라 할 수 있는 것도, 배워야 할 정답이 있는 것도 아닌 것을 보면 시니어 라이프 디자인이란 쉽지 않은 일입니다. 한참을 스스로도 무슨 답을 찾아 헤매고 있는 것인지 혼란스럽고 시야가 명료해지는 듯하다가 다시 안갯속을 걷고 있는 과정의 연속입니다.

그러나 사람들과의 만남 속에서 이 혼란이 저 혼자만의 혼란이 아님을 깨달으며 깊은 안도의 숨을 내쉬게 됩니다. 그리고 이것이 비단 개인만의 문제가 아닌 온 나라가 집중하는 문제라는 것이 스스로를 무겁게하기도 합니다. 그러나 개인 그리고 국가 더 나아가 세계가 나이 듦을 생각하게 되었다는 것은 참 멋진 일이 아닌가 싶습니다.

오늘, 묵은 생각 밖으로 한 걸음만 살짝 내디뎌보는 하루 되시기 바랍니다.

시아버지와 며느리

　시아버님과 함께 외출할 때면 사람들이 항상 하는 말이 있습니다. 친정 아버님이신가 봐요! 시아버님이라고 하면 또래의 여성들은 어머! 어머! 라는 말과 함께 딱하다는 표정을 짓고, 연세가 높으신 분들은 복 받을 거라고 하십니다. 어찌나 그 표현이 한결같은지 그 상황에 대해서 사람들은 모두 약속이라도 한 듯 한 가지의 답을 가지고 있습니다.

　어떤 종교를 가진 분들은 시아버님이 먼저 돌아가시게 해달라는 기도까지 한다는 얘기를 듣고 귀를 의심한 적도 있습니다. 그만큼 '시아버지'라는 존재의 위치가 참 어렵다는 이야기일 것입니다. 너무 하늘이 되어도 외로울 것입니다.

　하지만, 현재 60, 70대를 넘으신 분들은 아마도 하늘 같은 시아버지 이미지를 더 가깝게 느끼실 것입니다. 그 하늘 같은 시아버지의 위치를 때론 벗의 위치로까지 가차 없이 강등시키는 요즈음의 변화에 혀를 차게도 될 것입니다. 하지만, 하늘은 외롭습니다.

　하늘 같은 시아버지 역할에서 땅으로 편히 내려올 수 있도록 해주는 것이 손주라는 존재가 아닐까 싶습니다. 손주하고라면 근엄하게 무장했던 얼굴 표정을 마음껏 무장해제 할 수 있기 때문입니다. 특별히 마음먹지 않아도 손주 앞에서는 저절로 나이도, 권위도, 체면도 잊어버릴 수 있기 때문입니다.

할아버지, 손주, 아들, 며느리…. 그 행복한 구도는 무엇일까요? 모두 예전, 그 자리를 지킬 수 없는 변하는 세상. 이제 우리 모두 그 답을 함께 찾아야 할 때가 아닌가 싶습니다.

10년을 함께 살았던 시아버님께서 지난주, 하늘나라로 가셨습니다. '시니어플래너'인 제게 참고서 역할을 아낌없이 해주신 분이셨습니다. '얼큰한 매운찌개'를 좀 더 자주 끓여드리지 못한 것이 가장 마음에 남습니다. 그나마 잘한 것을 꼽자면 "됐다. 니네들이나 해라."라는 말씀을 곧이곧대로 듣지 않았다는 것입니다. 하늘같이 모시지 못했지만, 많이 좋은 친구가 되고 싶었던 제 마음을 아버님은 아시겠죠.

소통하는 시니어, 성공하는 시니어

하나, 20대에 보았던 50대들의 모습 그 기억을 떠올리며 나는 그런 모습으로 살지 말아야지 하며 오늘을 살아간다는 시니어. 20대 때, 절대 자신의 40세 이후의 삶을 생각조차 못 하는 것이 대개의 경우인데, 그분은 뭔가 남다른 데가 있습니다. 지금 50대 후반인 그의 삶은 경쟁력 있는 현재 진행형입니다. '형'이라 불러주는 20, 30대 젊은이들이 민망하기도 하지만, 감사하고 고맙기도 합니다.

둘, 30년 전 해외 지사 근무 때 보았던 노인 돌봄 서비스를 보며 '언젠가는 우리나라에도 저런 서비스가 필요하겠지.'라고 생각했다는 시니어. 대개의 사람들은 이 나라는 저런 것도 있네. 우리나라에서는 어림도 없는 일이라 생각해 버렸을 일. 환갑이 넘은 나이에 창업에 도전하고 70여 개의 프랜차이즈를 가진 방문요양서비스 업계의 1등으로 5년 만에 우뚝 섰습니다. 그의 남다름은 변화를 믿었다는 것이고, 나이의 한계를 믿지 않았다는 것입니다.

셋, 10년 전부터 FTA 전도사를 자처하며 FTA에 대한 준비가 필요하다고 만나는 이들을 붙잡고 열변을 토하던 시니어. 지난해부터 그이는 몸이 10개라도 부족한 FTA 명강사가 되어 전국 대학을 누비고, FTA 전도에 박차를 가하고 있습니다. 흐름에 역행하는 것이 아니라 철저히 대비하는 데 집중한 그의 남다름입니다.

이들은 또래 집단보다 젊은 사람들과 더 잘 통한다는 공통점이 있습니다. 다양한 고령사회 관련한 정책이 생겨나면서 그만큼 젊은이와 시니어와의 접점도 많아지고 있습니다. 하지만 아쉽게도 젊은 사람들의 시니어에 대한 평가도 시니어들의 젊은 사람들에 대한 평가도 평균점을 밑도는 느낌입니다. 아마도 제대로 된 소통이 이루어지지 못하기 때문이 아닌가 싶습니다.

어떤 시니어 분은 소통이라니 '우리 말을 들어야지.'라고 생각하고 계실지도 모릅니다. 곳곳에서 "시니어는 힘들어." "시니어는 싫어."라고 말합니다.

저는 이것이 참 커다란 수확이라 생각합니다. 싫다, 좋다는 표현조차 어려웠던 수직구조에서 수평구조 관계로 이행하고 있다는 표시이니까요. 시니어와 젊은 세대가 함께 소통하며 살아가야 할 고령사회. 그 소통의 매뉴얼, 관계의 매뉴얼, 상생의 매뉴얼을 우리는 찾아가기 시작했으니까요.

앞서 언급한 세 분의 시니어, 미래를 앞당기고 있는 시니어들입니다. 그들의 비전에 젊은 사람들이 모여듭니다. 그곳에 불통의 고민은 없습니다. 시니어와 청년이 함께 미래를 열어가는 것이지요. 그분들의 남다름을 새삼 다시 생각해 보게 됩니다.

'시니어 라이프'는 '선택'입니다

실버산업에서도 이제 사랑받는 기업이 나와야 하지 않을까요? 조금 이른 화두일까요? 실버산업이란 무엇인가? 과연 존재하는가? 시장 기회는 있는가? 많은 분분한 의견들이 참 긴 시간 논의되고 제 자리를 맴도는 동안 실버산업의 씨앗을 뿌려 놓은 이들이 이제 꽃봉오리를 맺어가는 시간인 듯합니다.

명실상부 실버, 시니어 현장에서 노하우를 쌓아온 실버산업 전문가 군이 형성되고 있습니다. 그리고 한쪽에서는 또한 급조된 '시니어'를 표방한 기관들이 우후죽순 생겨나고 있습니다. 도입기를 지나 성장기로 들어서고 있다는 방증이 아닌가 싶습니다.

이것은 분명 긍정적인 변화입니다. 시니어, 실버 관련한 많은 기관, 기업들이 생겨날 때 실버산업이란 영역이 확고해질 테니까요. "시니어, 실버는 싫어."라고 말하는 분들도 더 많아졌습니다. 시니어, 실버 혹은 비즈니스 환경에 대한 이해 없이 시장에 뛰어들었다가 벽을 넘지 못한 경우가 아닌가 싶습니다.

대상의 특성에 대한 이해 없이 일을 벌이면 곳곳이 벽일 수밖에요. 공급자도 수요자의 만족도 떨어질 수밖에 없습니다. 그러니 결국 "시니어, 실버는 싫어." 하면서 자신은 절대 시니어, 실버가 안 될 듯이 원망을 합니다.

시니어, 실버란 나이에 따른 구분이기도 하지만, 다른 시대를 살아내 삶의 경험이 다른 이들이라는 정의도 필요하지 않나 싶습니다. 시니어, 실버 단지 돈을 벌기 위한 새로운 블루오션이라는 관점을 떠나, 그들의 삶에 대한 깊은 관심과 연구가 필요한 때입니다.

시니어, 실버 당사자들조차 자신의 삶이 어떠해야 하는지 자신이 과연 시니어인지 정체성 또한 모호한 것이 지금의 상황입니다. 시니어 스스로도 시니어로서의 자각과 이 시대에 맞는 행복한 노년의 삶의 길에 대한 고민이 깊어져야 할 때입니다.

시니어 스스로의 자각과 외부의 좋은 나침판이 있다면 대한민국 시니어들의 삶이 한층 행복해질 수 있지 않을까요? 올해는 좀 더 다채로운 내용의 강의를 하게 될 것 같습니다. 강의를 의뢰하는 기관들에서 좀 더 구체적인 요구를 해주시네요. 이것은 아마도 교육받는 시니어, 실버 분들의 요구들이 구체화하고 있기 때문에 생겨나는 변화가 아닌가도 싶습니다.

세상은 요구하지 않으면 변하지 않습니다. 세상이 나빠서가 아니라, 그만큼 당사자가 아니고는 누구도 그들이 원하는 것을 그들만큼 정확히 알지 못하기 때문입니다. 강의시간에 'how to'를 말해달라고 하는 분들을 만나면서 엄청난 변화에의 욕구를 읽습니다. 그럴듯한 좋은 말은 넘치는 시대입니다. 변화를 갈망하는 시니어들에게 미사여구는 통하지 않습니다. 시니어들을 위한 'how to' 콘텐츠 개발에 박차를 가하는 한 해가 될 것 같습니다.

월간 뉴스레터 '시니어통'. 주간이 월간이 되어버렸습니다. 그래도 더 많은 지지와 응원을 부탁드립니다. ^^ '시니어 일과 삶 연구소'의 문은 늘 열려 있습니다. 이제 오프라인에서 뵙는 시간을 늘려가고 있습니다. 변화는 결심이 아닌, 행동에서 시작됩니다.

부모님과의 대화는 '대놓고 화내기'

추석날, KBS1 라디오 '전국일주'라는 프로그램에 출연하여 '세대 간 소통'에 대한 얘기를 나누었습니다. 물론 사전 녹음이지요. ^^ 현재 출연하고 있는 KBS 3 라디오, 시니어들을 대상으로 하는 프로와 많이 달랐습니다. 시니어와 젊은 세대의 차이를 실감할 수 있는 딱 그만큼일 듯합니다.

예비 시니어인 제가 느끼기에도 약간 아찔했으니 정작 시니어 분들, 노인분들이 이 프로를 듣는다면 일상의 반전에 조금은 당혹스러울 듯합니다. 동일한 현상을 바라보는 다른 시선. 만나지 못한다면 영 평생선이 되어버릴 수도 있지만, 양쪽의 시각을 인내하며 듣다 보면 '아~! 그럴 수도 있겠구나.' 하며 공감할 수 있을 그 정도의 거리라는 생각이 들었습니다.

어찌 보면 그 사이의 다리 놓기가 제게 주어진 소명이 아닐까도 생각해 봅니다. 시니어통이 괜한 통(通)이 아니겠죠. 너무 젊은 사람의 입장으로 주어지는 질문에는 저도 살짝 흥분하게 되는데 일상에서 부모님과 자녀 사이에 얼마나 큰 갈등이 잠재해 있을까를 생각하면 아찔한 느낌입니다.

부모님들이 대화하자고 하면 '대놓고 화내는 것'이라 젊은 사람들이 생각한다는 얘기에는 느껴지는 것이 많았습니다. 부모님들과는 얘기가 되지 않아 피할 수밖에 없다는데 부모님들은 자녀가 자기 말을 잘 듣는다고 소통이 되고 있다고 믿는다고 하니 그 먼 시각 차이가 두렵기도 합니다.

일전 공학 한림원 세미나에서도 비슷한 얘기가 오갔던 기억이 납니다. 20대 사회복지사 분이 과연 현대 젊은이들이 부모 부양할 능력이 될까? 그리고 과연 그런 의사가 있는가? 물어야 한다는 젊은 시각의 제기와 50대 교수님의 과연 우리 세대가 노인이 되었을 때 기존의 노년 세대와 같을 것인가? 자녀와 함께 살고 싶어 할까? 하는 것도 다시금 생각해야 한다는 의견도 있었습니다.

지금 딱 우리는 또 다른 노년과 또 다른 젊음의 시각이 만나는 그 지점의 고민을 시작하고 있습니다. 생각은 그렇지만, 보고 살았던 그 관성으로부터 얼마나 자유로울 수 있을지 우리 스스로도 장담하지 못합니다. 고령사회 노년의 삶은 젊은 세대의 변화와 따로 떼어놓고 생각할 수 없습니다. 고령사회는 머지않은 미래, 노년만의 미래가 아닌 젊은 세대의 미래이기도 합니다.

함께 풀어내야 할 미래의 이야기. 소통 없이는 풀어낼 수 없는 과제입니다. 나이 들어 보지 않은 젊은 세대보다는 젊은 시절을 보낸 나이 든 이들이 젊은 세대에게 한발 다가가 그들을 이해하려는 노력이 선결되어야 하지 않을까 하는 생각도 해봅니다.

공학 한림원의 패널 토론에서 20대 젊은이가 한 얘기가 묵지근하게 마음에 남습니다. 취업이라는 당면한 문제가 너무도 심각해서 '고령사회', '노인의 문제'는 생각할 여유조차 없다는 말이었습니다.

젊은 세대와 노년 세대의 문제를 한 자리에 모으면, 그 안에 실마리가 보이지 않을까요? 조금은 폭넓은 시야로 청년과 노년, 모두가 행복한 미래를 탐색해야 할 때입니다. 벽 너머에 희망이 있음을 저는 믿습니다.

미루다 미루다 언제 노후준비할까요?

아이가 대학교 들어가는 한 5년 후쯤…; 아이가 대학교를 졸업하는 7년 쯤 후에…; 노후준비에 대해 40, 50대에게 질문하면 굉장히 비슷한 대답을 합니다. 아이가 독립하게 되면, 그때부터 노후준비한다는 것입니다.

하지만, 어르신들의 얘기를 들어 보면 그렇게 키운 자녀들은 때가 되어도 결코 독립하지 못한다고 합니다. 독립이 아닌, 의존에 길들여져 있기 때문이지요. 그런 아이들이 자라서 '노후준비도 안 해두고 뭐 했냐?'고 다그칠 때는 참 할 말이 없다고 하는 분들도 계십니다. 노후준비는 어찌 보면, 언젠가 자녀와 서로 독립적으로 사는 시기가 온다는 것을 인정하고 준비하는 것이 아닐까 하는 생각을 하게 됩니다.

노후의 독립적인 삶에 필요한 것은 무엇일까에서부터 짚어나간다면 비교적 현실성 있는 노후 그림이 그려지지 않을지요. 하지만, 물론 지금의 상태 그대로의 10년, 20년 후가 아니겠기에 조금은 풍부한 상상력이 필요한 부분입니다. 상상력의 재료로 삼을 수 있는 것이 현재 노년 세대의 모습을 꼼꼼히 살피는 것이 아닐까요?

재료가 풍부하다면 좀 더 가능성 높은 미래의 그림을 그릴 수 있을 테니까요. 하지만 많은 사람들이 노후대책 하면 '돈이 부족하다'는 것에 온 관심이 집중되며 생각이 마비되어버리는 듯합니다. 어르신과 함께하기를 너무 어려워하고 함께 있기를 불편해하기에 어른의 지혜를 넘겨받을 기회가 없었기 때문은 아닐까도 생각됩니다.

우리 사회가 고령사회를 두려워만 하는 이유는 우리들 속에 있지 않나 싶습니다. 우리 스스로 노인을 저만치로 밀어내는 삶을 살고 있으니 자신의 노후가 불안할 수밖에요. 거기에 행복이 있으리라는 상상을 할 수 없습니다.

노인들의 삶의 모습은 우리의 미래를 선명히 제시해 주고, 변화시켜야 할 미래에 대한 힌트를 줍니다. 현재 노인의 문제를 외면할 때 우리의 미래는 결코 행복할 수 없습니다. 현재 노인의 문제를 해결하려는 적극적 의지가 내일의 노년의 행복을 보증합니다. 싫은 것은 외면하고 좋은 것만 취할 수 있는 삶의 기술은 아직 개발되지 않았기 때문입니다.

9월 1일부터 3일까지 일산 킨텍스에서 'SENDEX 베이비부머의 노후준비 박람회'가 열립니다. 시니어 일자리에 대한 해법부터, 연로한 노인들의 삶을 업그레이드할 수 있는 용품까지. 우리의 미래를 상상해 볼 수 있는 전시회입니다.

노인들이 편하게 컴퓨터를 즐길 수 있는 기술을 개발하고 있는 위드인월드도 이번 전시회에 참가한다고 합니다. IT에 효(孝)를 불어넣는 멋진 아이디어가 어떻게 구현되는지 궁금해서 저도 들러보려 합니다. 고령사회, 우리의 미래가 과연 어떤 모습일지 우리의 미래를 좀 더 따뜻하게 만드는 변화들이 과연 오고 있는 것인지 궁금한 분들은 박람회장에 한 번 들러보세요. 박람회장에서 혹시라도 저를 만나게 되면 반갑게 인사 건네주세요.

시니어 & 주니어, 모두 함께 꿈꿀 시간입니다

참 많은 분들을 만나는 요즈음입니다. 어쩐 일일까요? 부족함이 많은 저를 찾아주시는 분들이 많아진 이유가 뭘까 곰곰이 생각해 보게 됩니다. 한 사람의 머리로 100번 생각하는 것보다 그분들의 이야기 속으로 들어가 보는 것이 명쾌합니다.

한마디로 정리하자면 '이야기하고 싶다.'입니다. 이런저런 이유들로 어딘가에서 할 수 없는 이야기들을 품고 리봄사무실에 오십니다. 혹은 어떤 이의 손을 이끌고 혹은 저의 길잡이가 돼주시는 분들과 함께 연령대도 점점 다양해집니다.

머릿속이 폭죽 같은 시간입니다. 그동안 제 머릿속 막혀있던 딱, 그 지점을 뚫어내는 도구를 들고 나타나 주시는 분들이 계신 지금이 참 놀랍고 감사합니다. 사람과 사람이 이어지니 그동안 수없이 만들고 허물었던 미완의 꿈들이 가능한 현실로 전환됩니다. 처음엔 너무 먼, 다른 꿈처럼 보이던 것들이 결국 만나질 수밖에 없던 한 꿈이었습니다. 지금, 이곳을 살고 있는 이들의 간절함이 크게 다르지 않기 때문일까요?

우리들의 꿈. 그 속으로 들어가는 것이 현실을 변화시키지 않고, 꿈을 이루는 가장 빠른 방법인 듯합니다. 우리는 이미 그곳에 있습니다. '변하라'는 주문보다 '꿈꾸라'는 주문이 더 많아지는 이유를 이제야 알 것 같습니다. '변하라'는 요구는 가장 잔인한 주문입니다. 특히 시니어 분들에게는.

이미 반평생의 삶을 통해 분리해낼 수 없이 고착화된 습관이 곧 자신인 것을. '변하는 것'이 옷을 갈아입듯 쉬운 일이라면 변하라는 주문은 사랑입니다. 하지만, 살점을 떼어내듯 고통스럽고 어찌 시도하는 엄두도 낼 수 없는 것이라면 우리는 이제 변하라는 요구는 거두어야 합니다.

그대로를 인정하고, 즐겁게 습관의 밖으로 나와 있는 자신을 보며 '어라?!' 멋쩍은 웃음을 지을 수 있는 환경을 만드는 것이 가능한 꿈입니다. 그런 '놀라운 일'을 만들어내야 합니다. 그래서 지금 이 시점, 창조경제 이야기가 나오는 것 아닐까요? 시니어를 꿈꾸게 하면 그들은 습관 밖으로 걸어 나올 것입니다. 꿈길에선, 떼어내야 할 살점이 없으니까요.

일본 노인들의 얼굴을 보며 아들이 한 얘기입니다. '여기 할아버지, 할머니들은 표정이 너무 무서워~' 말랑말랑한 고령사회, 리봄이 꿈꾸는 세상입니다.

100세 시대, 온라인에서 물꼬를 열다

시니어, 손들어 보세요!

리봄의 교육을 받고 충격을 받았었습니다. 얼마 전, 리봄 교육에 참여하셨던 한 시니어 분과 거의 1년 만에 만나서 들은 이야기입니다. 앗~ 이게 무슨 말이지? 도대체 무엇이 충격이셨던 걸까?

이 얘기를 해주신 분은 10여 년 전 일찍이 독일에서 침대청소시스템을 들여와 1인 기업 창업을 지원하는 사업을 하고 계신 정말 열심히 사시는 '침대청소박사'라는 브랜드의 대표님이십니다. 제가 트렌드보다 조금 앞서는 일을 시작한 덕분에 정말 트렌드를 리드하고 계시는 분들을 많이 알게 되었습니다. 참 감사한 일이죠.

아~! 그런데 무엇에 이 분이 충격을 받으셨던 걸까요? 대접해 주시는 맛난 간장게장 맛이 사라지는 순간입니다. 저를 보고 시니어라니요? 정말 한 번도 그런 생각을 해본 적이 없었습니다. 제가 그동안 수도 없이 들었던 그 이야기였습니다.

시니어는 나를 뺀, 다른 사람이라는 모든 시니어들의 한목소리, 바로 그 부분이었던 것이지요. 제가 우스개로 하는 이야기가 "고령사회는 노인이 없는 사회다." 라고 얘기합니다. 노인은 스스로 자각하는 부분이 아니기 때문입니다. 그런데 대놓고 시니어라고 하니 충격이셨다는 것이지요.

그런데 스스로를 시니어라 인정하니 변화가 생기더라는 것입니다. 그때부터 세상이 다른 각도로 보이기 시작하셨다고 합니다. 그 부분이 참 감사하다고 하시네요. 휴~ 안도의 숨을 쉬는 순간입니다. 늘 인정하기 싫은 어려운 고비를 넘고 나면 우리는 성장합니다. 하지만 인정해야 할 것을 인정하지 못하면 거기서 성장 또한 멈추게 됩니다.

젊은이들이 보기에 분명 시니어인데 스스로는 시니어가 아니라고 생각하는 모순 속에서 시니어로서의 삶을 제대로 살지도 못하고 지나간 시간에 대한 반추만으로 소중한 시간을 허송해 버리는 분들이 참 많습니다.

웃는 시니어가 많아지는 행복한 고령사회, 그게 리봄의 꿈입니다. 시니어가 꿀 수 있는 꿈은 따로 있습니다. 대박 말고, 소박한 꿈을 꾼다면 가능한 일들은 분명 널려있습니다. 젊은 시절의 기준을 그대로 갖고 있다면 할 수 있는 일은 없겠지요. 왜냐하면, 더 이상 젊지 않기 때문입니다.

시니어로서의 꿈을 찾으시기 바랍니다. 그 출발은 '나는 시니어야.'라고 알아채는 것이겠지요. 저는 시니어입니다. 그러니 이렇게 적극적으로 다양한 시니어들의 꿈을 살펴볼 수 있는 것이겠지요.

생각을 모아서 미래를 만든다

요즈음 동네에 문제가 생겨 주민회의가 연일 열리고 있습니다. 주민회의에 참석하여 사람들의 다양한 의견을 들으면서 마냥 고개를 끄덕이는 저를 발견합니다. '정말 사람들의 생각 속에 답이 있구나.' 하는 사실을 확인하는 현장입니다.

상대방의 입장까지 예측하는 주민들에 비해 관이 대처하는 방식은 절차상의 하자가 없음을 증명하기에 급급한 듯한 모습입니다. 대한민국이 해답을 찾아 헤매고 있는 소통의 문제가 바로 이곳에서도 그대로 재연되고 있지 않나 싶습니다.

이미 벌어진 간극을 메우는 것은 때로 불가능하고, 아주 어려운 일입니다. 사후(事後) 소통이 아닌, 사전(事前) 소통이 불통의 문제를 푸는 답이 아닐까 하는 생각을 해봅니다. 최종 종착지에 대한 관계자들 간의 동의, 합의가 도출된 후 일은 시작되어야 합니다. 그 과정이 지루하고 힘겹더라도….

우리는 이제, 목적보다 과정이 중요한 시대를 살아가고 있다고 말합니다. 이제 '굶어 죽는다.'는 공통의 절박성을 가졌던 시대가 지났기 때문입니다.

리봄 교육, 희망정책 두 개의 사이트를 연달아 오픈하고 생각이 무척 많습니다. 꽤 긴 시간 씨름해 오던 제 중간 보고서이고, 이것은 많은 분들과 소통을 위한 저의 방법입니다. 그동안 제가 가진 표현의 한계로 여러분들과의 소통에 늘 아쉬움이 있었습니다. 두 개의 사이트를 오픈한 것은 좀 더 명료한 것을 공유하기 위한 과정이라고 할 수 있습니다.

제 방식이 조금 명쾌해지니 여러분들 또한 좀 더 구체적인 제안들을 해주십니다. 저만큼이나 답답함을 느끼는 분들이 정말 많으셨던 것 같습니다. 주민회의의 경우처럼 여러분들이 답을 가지고 있습니다. 여러분들이 가진 답과 제가 만나는 지점 그곳부터 실타래를 풀어가면 어떨까요?

그러기 위해서 우선 제가 알고 있는 모든 것 속에서 추려낸, 그 다음의 방향성에 대한 제 생각을 여러분과 공유하는 것이 필요하다고 생각합니다. 오늘 새벽 문득, 잠에서 깨어 가까이 잡히는 책을 펼쳤습니다. 그 책의 한 구절입니다.

'세계는 한 권의 책이다. 사람은 그 책의 활자다. 국가는 그 책을 붙들어 맨 끈이고, 시대는 그 책의 한 페이지다.' 활자가 있어, 페이지는 완성됩니다. 제가 어떤 활자로 존재할 때, 아름다운 글이, 문장이, 페이지가 만들어질 수 있을까? 그 물음표를 가슴에 품어봅니다.

여러분들에게도 그 물음표를 선물합니다.

4월 24일, '시니어플래너' 모여라~!

젊을 때는 제 생각이 답인 줄 알았습니다. 내가 그러면 남도 그런 줄 알았습니다. 나이가 들어가면서 나와 남이 얼마나 다른가를 알게 됩니다. 진즉에 알았더라면 하는 생각도 들지만, 지금이라도 알게 됨이 감사합니다. 한 번 더 살라고 하면 나는 어떤 선택을 할까? 무지해도 그 무지 속에 치열했으니 한 번 더는 사양하지 싶습니다.

그래서 더욱, 지금부터의 삶이 소중하고, 의미 있게 채우고 싶습니다. 자신만 주인공이던 백지 같던 그 시간으로 다시 돌아가고 싶지는 않습니다. 나이가 들면 누구나 젊음을 부러워하고 그리워한다고 누가 말했나요? 아직 많이는 아니지만 넉넉하게 나이 든 지금이 다른 사람이 보이기 시작하는 지금이 그 어느 때보다 행복합니다.

늦깎이로 시작한 평생교육대학원 수업을 들으면서 변화를 실감합니다. 이런 교육을 받게 되리라고 20대의, 30대의 저는 상상도 해본 적이 없습니다. 컴퓨터를 통해 교수님의 강의를 듣고, 우리나라에서는 이제야 비로소 싹트고 있는 평생교육학에 대해 원우들과 함께 온라인 속에서 토론합니다. 어머나~!

저는 특히나 '시니어교육'에 집중합니다. 공부를 하면서 그동안 저의 고민의 정체를 알게 됩니다. 이제 비로소 시도되는 '처음'의 영역이라는 것입니다. 시니어교육의 효과를 내기 위한 고민, 눈높이를 맞추기 위한 고민, 시니어에게 더욱 유효한 교육 방법에 대한 고민… 잠 못 이루던 그 시간들이 흐뭇하기도 하고, 무모했었다는 생각도 들고, 평생교육학을 만나며 만감이 교차합니다.

그리고 제가 담길 그릇이 생기고 함께 고민할 교수님들, 벗들이 생겨 든든하고 감사합니다. 이제 이렇게 든든한 배경이 생겼으니 좀 더 본격적인 시행착오에 대한 욕심이 생깁니다.

2010년 처음 시도한 인생 2막 행복설계, 고령사회 희망을 디자인하는 역할을 담당한다는 큰 뜻을 품고 만들었던 '시니어플래너' 과정을 이제 본격화하려고 합니다.

'시니어플래너' 과정에 함께하셨던 40분의 대한민국 1호 시니어플래너들과의 3년 만의 만남, 4월에 진행합니다. 한발 앞서 미래를 고민하신 여러분들이 고맙고 자랑스럽습니다.

'시니어플래너'들 모여라~!

'나쁜 남자 학교' 무슨 공부 하나요?

이팝나무가 남다른 정취를 자아내는 대전에서 많은 시간을 보내는 요즈음입니다. 며칠 전 수업 시간에 교육생들 간에 공동 관심사 별로 커뮤니티를 만들기 위한 개인 발표시간을 가졌습니다. 그 시간에 있었던 이야기를 하나 전해 드리려고 합니다.

교육생 중 50대 중반의 여성 분이 자신의 꿈을 얘기하십니다. '나쁜 남자 학교'를 운영하고 싶다는 것입니다. 군 출신의 남편과 전역과정에서 겪은 일들은 정말 되돌아보고 싶지 않은 기억이지만 똑같은 과정을 되풀이할 후배들을 위해 전역을 앞둔 남성들이 경험할, 먼저 경험한 이야기들을 나누는 교실을 운영하고 싶다는 것이지요.

일단 퇴직 후에 복귀해야 하는 곳은 가정이라는 최소 단위 사회입니다. 가정이라는 사회로의 복귀교육은 필수입니다. 하지만, 현실에서 그런 교육은 찾아볼 수 없습니다. 시니어플래너 과정을 듣는 40대 초반의 남성분이 어느 날 제게 항의(?)를 했습니다. 너무 여성 편에서 이야기하는 것이 아니냐고요. 여성의 입장에서 나온 이야기들은 아직 한국 사회에 많지는 않은 듯합니다. 특히 시니어 세대에서는.

교육 과정에 참여하는 분들이 하는 얘기들은 어디서도 들을 수 없었던 이야기들이라고 하십니다. 보는 관점이 저 자신이 여성이라는 것도 큰 이유가 아닐까 싶습니다. 다른 시각으로 볼 때 다른 것이 보입니다. 새 정부에서 말하는 창조경제의 실현은 이렇듯 다양한 관점들이 드러날 때 가능한 것이 아닐까 싶습니다.

사회는 30대의 건강한 남성을 중심으로 설계되었다는 이야기가 있습니다. 그 사회의 가장 활동성이 많은 사람들을 중심으로 만들어지기 때문입니다. 30대 중반 남성만이 아닌 아이, 여성, 노인이 배려되는 사회환경으로의 이행이 선진사회입니다. 우리는 지금 그곳으로 향하고 있습니다.

'나쁜 남자 학교' 문패를 걸면 누가 누가 참가할까요?

나쁜 남자라니?! 남자가 그런 것이지~!

그런데 그런 남자들을 사회가 더 이상 남자가 그런 것이라고 봐주지 않는 듯합니다. 변화를 따라가지 못하면 혀를 끌끌 찰 일들 천지입니다. 세상의 시각과 내 시각의 격차, 다수가 말하는 것들을 받아들이고 인정할 때 변화의 이유를 알게 될 것입니다. 사회 구성원이, 사회가 변했기 때문입니다. 그 변화에 맞는 새로운 틀이 새롭게 만들어집니다. 이전 시대의 틀에 익숙한 세대가 다른 틀을 새로이 학습하고 적응한다는 것은 쉬운 일이 아닙니다. 하지만 격변의 100세 시대 변화를 일상으로 받아들이는 유연함이 행복의 척도가 아닐까 싶습니다.

나쁜 남자 학교에 남자분들 또한 공감하더라는 것이 또 재밌는 교실 풍경이었습니다. 시니어플래너 과정을 고령화하는 지구촌, 인생 2막 대표 교육프로그램으로 만들고자 하는 리봄의 꿈이 서서히 무르익어 가고 있습니다.

• 100세 시대, 온라인에서 물꼬를 열다 •

시니어 비즈니스

시니어, 그들은 어떤 고민을 하고 있는가?

며칠 전, 시어머님의 제사가 있었습니다. 돌아가신 후 3년까지만 제사를 지내라는 유언을 남기셨습니다. 햇수로 5년, 어머님을 추억하고 싶은 마음에 제사는 계속 지내고 있습니다.

유언을 따르지는 못했지만, 그 유언은 며느리에 대한 어머님의 배려임을 알기에 어머님을 추모하는 그 시간은 기꺼운 행사가 됩니다. 몸은 비록 이곳을 떠났지만, 큰 사랑, 가르침을 남긴 분들은 그것을 기억하는 사람이 살아있는 한은 함께 살아있는 듯합니다.

저는 현수막 광고를 보는 게 취미입니다. 요새는 무슨 광고들을 하나? 세상의 변화를 잘 알려주는 것이 광고이기 때문이지요. 특히 그 지역의 변화를 대변해주는 것이 현수막에 걸린 그 지역 광고가 아닐까 싶네요.

요즈음 분당지역에는 청바지 맞춤집 광고가 꽤 오래 제 눈에 들어옵니다. 브랜드를 선호하는 젊은 사람들이 청바지를 맞추지는 않을 터이고, 그러면 대상은 딱 중장년 이상, 혹은 기성 사이즈는 맞는 것이 없는 사람들이겠지요.

청바지 맞춤집 광고를 보면서 '어머님의 꿈'이 생각났습니다. 어머님의 꿈은 청바지를 한 번 입어보는 것이었답니다. 체격이 크신 편이라 맞는 청바지도 없을뿐더러 연세 때문에 엄두를 못 내셨지요. 암으로 투병하시다 돌아가셨기 때문에 돌아가실 무렵에는 체중이 40kg도 나가지 않았습니다. 그때 어머님은 청바지를 입을 수 있는 몸매가 되셨다는 생각을 하셨던 것 같습니다. 하지만 꿈을 이루지는 못했지요.

젊은 사람들, 날씬한 사람들은 청바지 입어보는 게 꿈이라는 나이 든 분들의 마음을 이해하기 힘들 겁니다. '주책이야~' 하고 말지도 모르지요. 어머님께 '왜? 청바지가 입고 싶으신지' 여쭤보지는 않았지만, 그 마음이 어떤 것인지는 헤아려볼 수 있을 듯합니다. 꿈마저 나이 드는 것이 아니기 때문이지요. 청바지 맞춤집이 그 꿈을 이루어주는 '꿈 공장'이었으면 좋겠네요.

지난주, 얼마 전에 문을 연 '성남종합고령체험관'을 다녀왔습니다. 전시된 고령친화 제품들 중에 핑크색 팬티형 기저귀가 눈에 띄었습니다. 와상 상태의 환자일지라도 아름다운 속내의를 좋아한다는 글을 '노인이 말하지 않는 것'이라는 책을 통해 읽은 기억이 나더군요. '이왕이면 다홍치마'라고 노인 환자인들 고운 색을 마다할 이유는 없을 것입니다.

또한 보다 중요한 의미는 고운 색 기저귀를 환자에게 착용시키며 돌보는 이의 마음에 잠시라도 자신 앞에 있는 사람이 환자가 아니라 '여성'임을 환기시키는 역할을 하지 않을까 싶은 생각도 들었습니다. 누군들 한때 만개한 꽃이던 날이 없었겠습니까?

'여기까지만'이라는 생각이 벽을 만든다

실버산업에 관심을 두는 분들을 보면 어린이 상대로 한 비즈니스를 하는 분들이 많습니다. 그야말로 저출산 고령화를 피부로 느끼는 층이라 할 수 있지요. 나이 들면 아이가 된다는 말이 있듯, 후기 고령자의 경우는 아이의 발달과정의 역순을 경험한다고도 볼 수 있습니다.

아이에게 새로운 것을 알려주는 과정과 노인에게 지워지는 기억을 되살리기 위한 과정은 참 많이 닮아있습니다. 시니어 포털을 구상하던 중 많이 벤치마킹하기 위해 둘러본 것이 유아용 사이트들이었습니다. 그야말로 직관적인 디자인이란 무엇인가가 제대로 구현된 것이 유아용 사이트들입니다. 3~4살 아이도 컴퓨터 앞에 앉으면 어디로 마우스가 움직여야 할지 직관적으로 알 수 있도록 화면이 설계되어 있습니다. 돈이 되는 시장이기 때문에 머리를 모아 집중적인 고민을 한 결과물일 것입니다.

광고 현수막을 보는 게 취미인 제 눈에 많이 띄는 내용들 중 보청기, 가발 광고만큼이나 자주 눈에 띄는 것이 어머니 한글과 영어 교육 과정입니다. 아직까지 한글을 배우고자 하는 할머님들이 참 많으십니다. 또한, 컴퓨터를 하기 위해 영어를 배우려는 어르신들의 경쟁이 치열한 것이 노인복지관의 현실입니다.

아이들을 위한 온라인 교육프로그램은 매우 잘 되어 있고, 영어도 한글도 모르는 유아들을 대상으로 한 사이트들은 인생을 살아온 지혜가 있는 어르신들이 기초적인 도움을 준다면 충분히 활용할 수 있을 것입니다.

컴퓨터는 분명 문명의 이기이자 삶을 편리하게 만들어주는 도구입니다. 컴퓨터를 이용해 한글 공부를 할 수 있다면 그야말로 어르신들에겐 일석이조, 현대적인 컴퓨터를 이용한다는 자부심, 한글을 익히겠다는 뚜렷한 목표의식, 손주의 세계를 공유하는 기쁨까지.

아이들 대상으로 만들어지고 사라지는 그 무수한 콘텐츠의 일부만이라도 어르신 것으로 고민된다면 글로벌 실버마켓의 진출 또한 불가능한 일은 아닐 것입니다. 일본 서점을 가보면 초등학교 저학년 아이들의 수학문제지와 흡사한 것이 노인들의 치매 예방용으로 전환되어 판매된다든지, 아이들의 색칠공부 비슷한 그림 그리는 책이 노인용으로도 다양하게 판매되고 있습니다.

아이와 노인의 유사점에 대한 것은 실버마켓에서 많이 논의되는 부분입니다. 아이들 교육에 대한 접근도 요즈음은 '놀면서 배우는 플레이에듀(Play Edu)' 개념이 강세입니다. 일본은 케어(Care)에도 '플레이케어(Play Care)' 개념이 도입되고 있습니다. 아는 만큼만 믿습니다. 앎의 지평을 넓히는 것이 교육입니다. 믿게 되면 가능한 방법을 찾게 되고, 그런 가능성을 찾는 노력이 세상을 변하게 합니다.

실버와 게임의 이유 있는 만남?! 1

11월 중순, 국내 최대 규모의 게임전시회인 지스타(G-Star)가 일산 킨텍스에서 개최됩니다. 게임산업협회에서 '고령화 시대 게임 콘텐츠의 사회적 역할과 활용'이라는 제목으로 13일 컨퍼런스를 개최합니다.

'실버와 게임의 이유 있는 만남'이라는 저희 시니어통의 뉴스레터가 계기가 되어 게임산업협회 담당자가 글을 통해 제가 소개했던 일본의 실버산업에 진출한 게임회사들 남코와 반다이의 책임자들을 연사로 섭외하였습니다.

시니어마켓에 확신을 갖는 사람이 아무리 게임업계에 실버를 위한 게임을 만들려고 한들 '노인이 무슨 게임을 해.'라는 생각을 하는 게임업계 20, 30대 젊은층과의 논의는 제자리 뱅뱅의 소모적인 논쟁에 그칠 것입니다. 하지만 이미 실버와 게임의 이유 있는 만남이 구현된 앞선 나라들의 생생한 사례를 그들의 육성으로 듣는다면 자연스러운 발상의 전환을 가져올 수 있는 기회가 되리라 생각합니다.

'나이 들어가는 사회, 새로운 소비자 정보' 시니어통은 시니어 산업과 접목될 다양한 산업 분야의 담당자들과 시니어층을 주 타깃으로 매주

발송하고 있습니다. 시니어, 실버산업은 독자적인 영역이기보다는 '기존 산업(상품, 서비스) + 시니어의 니즈'라고 생각하기 때문입니다.

시니어, 실버라는 새로운 소비층에 대한 선명한 인식과 선진 시니어 산업의 현황, 그리고 우리의 움직임을 각 산업계에 전달하여 시니어마켓을 환기시키는 것이 ㈜리봄의 역할입니다.

미래는 예측하는 것이 아니고, 만들어가는 것이라고 합니다. 예언 효과라는 것도 있지요. '어느 어느 날 이러할 것이다.'라는 예언으로 인해 그것을 피하거나, 가능한 현실로 만들어주는 것. 시니어마켓에 관한 새로운 소비자로 등극할 시니어 정보 또한 이러한 예언 효과를 가져오리라 확신합니다.

일본의 게임회사 남코의 요시야키 가와무라 총책임자가 게임을 활용한 가이카야(데이케어센터)의 운영 사례를 발표하고, 반다이 플레이케어센터 대표 요시 카와사키가 플레이케어(Play Care) 센터의 비전에 대해 발표할 예정입니다. 저는 토론 부분에 토론자로 참석합니다.

아이들의 전유물로 알고 있는 게임전시장에 시니어들이 이유 있는 나들이를 해보는 것은 어떨까요? 전혀 다른 영역으로 인식되던 것들이 이러한 기회로 서로 소통하며 경계를 허물어가면서 새로운 가능성들이 열리는 것이라 믿습니다.

한발 앞서가는 출판을 통해 보는 시니어마켓

'나이 듦'에 관한 번역서들을 하나, 둘 선보이기 시작하던 출판계는 2007년 이후, 40세 이후를 겨냥한 출판물을 대거 쏟아내기 시작했습니다. 키워드는 '나이 듦', '40', '50', '노년', '영원한 젊음', '건강'.

'나이 듦'을 실감하기 시작하는 40, 50대들의 현실을 새삼스레 직시하게 하는 책들! 누군가의 자식이고, 또한 부모이며, 누군가의 친구, 그리고 누군가의 동반자인 나, 모두를 과연 잘해내고 있는가?

이 모든 관계를 가능하게 해 줄 가장 중요한 것은 돈, 그리고 건강. 과연 돈 걱정 없는 노후 30년은 어떻게 준비할 수 있나? 시니어뿐 아니라 모든 연령대의 관심을 이끌어 낸 책입니다. 곧바로 속편이 만들어져 나왔습니다. 그리고 건강하게 오래 살기를 주제로 한 책들도 계속됩니다.

'나이 듦'을 화두로 삼은 책들은 짧은 시간 동안 진화를 거듭합니다. 나이 듦에 멀미를 낼 즈음, 실질적인 그들의 관심사에 한발 다가간 실용적인 서적들이 속속 만들어지고 있습니다. 판매 현황과는 무관하게 어쨌든 시니어출판 시장은 풍성합니다. 출판 시장이 시니어마켓에 관심을 두는 이유는 바로, 이것이 아닐까?

우리나라도 2년 후인, 2010년에는 50대 이상이 전체 인구의 30%를 차지합니다. 나이 듦에도 불구하고 일상은 계속되고, 나이 듦으로 인한 새로운 니즈가 생겨납니다. 현대의 노인은 과거의 노인과 다릅니다. 내일의 노인은 오늘의 노인과 또 많이 다를 것입니다. 고정관념 속의 노인을 고집한다면 시니어마켓은 발견할 수 없습니다. 고정관념 속의 노인을 고집한다면 길어진 수명은 보너스가 아닌 고통입니다.

시니어가 원하는 것, '사는 맛'을 파는 가게

　주말에 한 번 장을 보러 갑니다. 저는 늘 이것저것 궁금한 게 많아 이번 주는 여기서, 다음 주는 저기서 사방 좀 돌아다니면서 장을 봅니다. 세상의 변화를 빠르게 실감할 수 있는 곳이 장터이기 때문이지요.

　다니면서 느끼는 것은 지역 주민의 연령대에 따라 동일한 대형마트라도 상품 구성이 현격히 차이가 난다는 것입니다. 일본의 거대한 유통망인 편의점 '로손'이 변신하는 것도 이와 같은 배경인 듯합니다. 위치한 지역의 주 구매층 위주로 서비스를 차별화하는 전략이지요. 서비스층을 현재는 세 층으로 분류했는데, 일하는 여성을 타깃으로 한 '내추럴 로손', 도시역 주변의 쇼핑 주부를 타깃으로 한 '로손 스토어 100' 그리고 시니어층을 타깃으로 한 '로손', 이 세 콘셉트의 매장을 '로손 플러스'라는 브랜드로 명명했습니다.

　시니어층을 공략하는 로손은 '시니어에게 친절한 가게' 만들기를 목표로 신선식품이나 친숙한 현지의 식재료를 구매하기 쉽게 배치하고, 쇼핑 카트나 휴식공간 등을 마련, 시니어를 위한 배려가 있는 편의점으로 변신을 하는 것이지요.

이제 똑같은 틀로 복제해서는 경쟁력이 없는 세상입니다. 그만큼 경쟁이 심화되고, 뭐하나 쉽게 할 수 있는 일이 없는 세상이 된 것이지요. 창의력이 필요하고, 소비자를 읽는 끊임없는 노력이 계속되어야만 시장에서 살아남을 수 있는 무한경쟁의 시대가 왔음에 분명한 듯합니다.

이런 면에서 탁월한 역발상과 소비자의 니즈 읽기에 성공한 곳이 총각네 야채가게가 아닌가 싶습니다. '장보기는 대형할인매장에서'가 공식화된 세상에서 아파트단지에 작은 야채가게를 만든다는 것은 어찌 보면 무모한 시도라 보입니다. '작은 가게, 작은 슈퍼는 경쟁력이 없다.'는 안일한 인식의 허를 찌른 것이지요.

40대 이상에게는 흥정하고 소통하는 시장에 대한 아련한 향수가 있습니다. '사람 사는 맛', '소통하는 맛' 저도 총각네 야채가게를 가끔 이용하는데, '권해주는 맛'이 남다르고, 식품의 질 또한 남다르지요. 총각네라는 이름 자체도 벌써 어디에 타깃을 맞춘 것인지 읽히는데 저만의 생각일까요?

마트에 가면, 날마다 새롭게 선보이는 상품이 어찌나 많은지 어떤 것은 쓰임새를 몰라서도 사기가 망설여지는 것이 많습니다. 점점 세상이 낯설어지는 것이지요. 그런 판에 낯선 식품들을 이건 어찌어찌 좋다, 오늘은 날씨가 어떠니 이런 것을 드셔 보시지요? 말도 걸어주고, 새로운 식품의 용도까지 학습시켜주고, 물건 사는 맛을 주는 가게, 총각네 야채가게가 급속히 점포 수를 늘려가는 데는 분명 이유가 있죠! 우리의 시니어마켓은 이렇게 부지불식간에 자리 잡아 가고 있습니다.

그리운 것이 새로운 것이다

    돌고 도는 세상, '지나간 것은 그리운 것이고, 그리운 것이 새로운 것이다.'라는 말이 있습니다. 시간과 함께 우리 곁에서 하나둘 사라져 간 것이, 어느 날 짠~ 하고 옛 모습에 새로움을 살짝 가미하여 나타납니다. 나이 든 사람들에게는 반가움으로, 젊은 사람들에게는 새로움으로 반겨지며, 의외의 히트 상품이 되기도 합니다.

    기획 단계에서 예측된 것인지는 분명치 않지만, 나이 든 사람들의 향수를 불러일으키기 위한 상품이 오히려 젊은 사람들에게 신선함, 새로움, 낯섦으로 다가가며 의외의 히트 상품이 된 경우는 앞선 선진고령사회에서도 종종 발견됩니다. 대형마트의 상품 구성, 배치의 변화를 통해서도 나이 든 사람들이 많아지고 있음을 실감할 수 있습니다.

    어느 날 마트에서 '영양갱'이 모둠으로 묶여 통로 쪽 눈에 뜨이는 곳에 진열되어 있는 것을 발견(?)했습니다. 업체에서는 어느 날 구색으로 갖춰 놓던 영양갱의 매출이 조금씩 느는 것을 알아챘을 것이고, 영양갱에 향수를 지닌 소비자층이 많아진 것을 실감했을 것입니다. 그다음 수순은 '저 여기 있어요.' 하며 나이 든 소비층에게 자신의 존재를 적극 어필하는 것이 아니었을까?

매장의 물건 배열을 보면 그 지역의 고객 구성원을 실감할 수 있습니다. 그리고 그 매장이 지역 구성원의 눈높이를 맞추지 못했을 경우 소비자는 그에 맞는 공간을 찾아 떠납니다. 한 대형마트에서 중장년층 여성들을 위한 서비스 공간을 강화한다는 소식이 들려왔습니다. 말만 들어도 반가웠습니다. 어떻게 눈높이를 맞추었을지도 궁금합니다. 이렇게 세상은 나이 든 소비자를 눈치채고, 급하게 변해가고 있습니다.

또한 눈높이가 10대에 맞춰져 30대가 중년으로 둔갑한 온라인 세상에서도 '또 다른' 40대 이상 60대까지의 중년 가수들이 그들의 둥지(www.3355music.com)를 만들었다는 소식도 들립니다. 생각하지 못했던 변화들? 너무도 당연한 변화의 수순들입니다.

우리 사회는 한동안 나이 듦에 대한 고정관념과 나이 든 사람들의 고정관념, 내 안의 나이 듦과 끊임없는 싸움을 할 것입니다. 어느 시대고 사람은 나이 들어갔지만, 이런 논의가 새삼 불거져 나오는 이유는 수적으로 유래없이 많은 사람들이 '나이 듦'의 상태로 살아가기 때문입니다.

많은 수를 차지하는 나이 든 사람들 또한 의식주 전반의 소비층이 되고, 소비자의 소리는 시장에 반영될 수밖에 없기 때문입니다. '나이 듦'을 제대로 인식하기 위한 준비, 되셨나요?

나이 들면 기계도 무시한다?! 디지털이 드디어 철난다

> "디지털TV, 휴대전화와 같은 디지털 제품 때문에 생기는 스트레스인 '디지털 피로'를 없애겠습니다." 박종우 삼성전자 디지털미디어총괄 사장은 29일 독일 베를린에서 열린 유럽 최대 가전 전시회인 'IFA 2008' 개막 기조연설을 통해 "끊임없는 소비자 이용 환경을 제공하겠다."며 이같이 밝혔다.
>
> 삼성의 구체적인 프로젝트는 다음과 같다. 누구든지 언제 어디서나 가장 편안하고 쉬운 방법으로 디지털 기기를 이용하도록 하는 것이 목표다. 이를 통해 연령이나 지역과 관계없이 진정한 디지털 삶을 체험할 수 있게 될 것이다. NHN, 야후, USA투데이 등과 제휴를 맺어 TV를 통해 콘텐츠를 공급하는 'TV 2.0' 시대를 열겠다. 하나의 리모컨으로 TV, 디지털카메라 등을 작동하고, 각 기기 간 콘텐츠 전송을 무선으로 하는 이용 환경도 준비하고 있다.
>
> 〈동아일보 2008. 08. 30〉

어른들의 컴퓨터 학습공간 '유트리'를 운영하면서 느끼는 것은 디지털 라이프는 그야말로 젊은이들만의 것이구나 하는 것입니다. 가능한 한 쉽게 컴퓨터 교육을 진행하려 하지만, 어르신들에게 컴퓨터를 배운다는 것은 좋게 말하면 치매 예방을 위한 고난도 프로그램과 같습니다. 가도 가도 장애물인 험난한 도전입니다. 즐거움, 생활의 편리도구가 아닌, 도전해야 하는 난코스입니다.

교육 공간에서 느끼는 것은 과연 컴퓨터는 생활의 이기인가 하는 의문입니다. 현재의 컴퓨터 환경으로는 절대 아니다는 것이 저의 생각입니다. '유트리'에서 만나는 어르신들의 미해결 과제들은 대부분 디지털 제품들과 관련한 것들입니다. 갖고 있기는 하되 사용하지 못하는 것들이 아주 많습니다.

왜? 사용법이 너무 어렵고, 숙지되지 않는다는 것입니다. 아날로그적 사고로는 디지털 기기를 다루는 것에 한계가 있습니다. 쓸 때마다 낯선 것이 디지털 기기의 사용법입니다. 차량용 네비게이션을 부착만 해놓고, 장식용으로만 활용하시는 경우, 홈시어터를 설치하시고 리모콘 작동이 어려워 TV 보는 것이 큰 행사가 되어버린 경우, 디지털카메라 용량이 다 차버리자 디지털카메라를 또 구입해버리는 경우 등.

젊은 사람들은 생각지도 못하는 어르신들의 디지털 제품과 연관된 누구에게도 쉽게 터놓을 수도 없는 엉망진창 라이프가 있습니다. 공급자의 잘못입니다. 선택 대안이 없는 나이 든 소비자는 사용할 수도 없는 물건을 살 수밖에 없습니다. 스트레스를 돈 주고 구입하는 것입니다.

세계의 노인이 비슷한 환경에 놓여 있습니다. 삼성의 디지털 스트레스를 해소하겠다는 선언은 세계적으로 나이 들어가는 시장의 니즈를 제대로 파악한 통찰의 결과가 아닐까 싶습니다. 어떤 제품, 서비스가 나올지도 흥미롭지만, 그 선언이 갖는 의미, 노인이 소비자로 제 대접을 받는 세상이 열린다는 그 사실이 가슴 설레게 합니다.

디지털 스트레스 해소를 위한 프로젝트의 출발이 한국의 '효(孝) 사상'이라면 그야말로 더할 데 없는 스토리가 나오지 않을지… 저 혼자 속도

를 내던 기술이 거대한 소비층인 나이 든 소비자를 돌아보기 시작했습
니다. 친절해진 기술은 또다시 나이 든 소비자의 생각과 일상을 변화시
킬 것입니다.

실버와 게임의 이유 있는 만남?! 2

1950년대, 한 백화점의 옥상에 아이들 놀잇감인 목마(木馬)로 엔터테인먼트 사업에 뛰어든 일본의 게임회사 남코. 오락실용 게임 소프트웨어의 제작사이며, 프라모델 '건담'으로 유명한 게임회사 '반다이'를 최근, 인수합병하며 더욱 시너지를 내고 있는 일본의 대표적인 게임회사 중 하나입니다. 실버 시장에 웬 게임회사인가?

실버 비즈니스에 가장 먼저 착수한 것은 아동 관련 비즈니스를 하는 사람들이라는 말이 있습니다. 저출산 고령화로 인해 아동시장이 줄어들고, 향후 더욱 작아질 시장임을 실감하며 새로운 시장 찾기에 나서게 되었다는 것입니다. 남코도 이런 측면에서 '데이케어 서비스'라는 실버 산업 분야에 관심을 갖게 되었는지 단언하기는 어렵지만, 게임업체가 실버 산업에 뛰어든 경로는 흥미롭습니다.

예측할 수 없게 여기저기서 튀어나오는 두더지를 뿅망치로 두드리는 게임, '두더지 잡기' 게임을 만든 회사가 남코입니다. 남코의 관계자가 우연히 장애자들의 재활치료 과정을 보게 되었습니다. 지루하고 반복적인 단순 운동을 하는 환자를 보면서 게임을 이용하면 좀 더 재밌고, 효과적인 재활치료가 가능하겠다는 생각을 하게 됩니다. 그리고 그 생각은 한 걸음 더 나아가 활동력이 떨어진 노인들이 즐겁게 놀면서 신체기능이 퇴화하는 것을 지연시킬 수 있는 장치로서의 게임의 가능성을 발견합니다.

현재 일본의 노인요양시설들에서는 남코의 게임기를 도입하여 입주 노인들에게 즐거움을 주고 있는 사례가 많이 발표되고 있습니다(2006년 12월, 현재 131개 시설 및 병원에 남코의 게임기가 재활 용도로 도입되었다). 노인과 게임, 좁힐 수 없는 거리가 있는 듯하지만, 발상을 전환하면 노인과 게임만큼 환상적인 만남은 없습니다. 조작이 간단하고, 극적 효과(음향, 타격감, 의외성 등 게임적 요소들)가 있는 게임은 몰입감이 있어 생활이 단조로운 노인들에게 큰 활력소가 될 수 있고, 게임을 매개로 대화할 수도 있고, 신체 운동까지 겸해지는 일거다득의 효과가 있습니다.

노인과 게임의 만남에서 무한한 가능성을 확인한 남코는 이에 고무되어서인지 '가이카야'라는 데이케어(day care: 노인을 낮 동안 맡아서 돌봐주는 노인 돌봄 서비스) 서비스 센터를 2곳에 운영하며 본격 실버마켓에 뛰어들었습니다. 아동용 게임회사의 실버마켓 진출, 실버들의 생활 또한 명랑하고 즐겁게 디자인되기 시작한 것입니다.

그들이 좋아하는 것, 그것이 경쟁력이다

일본에서는 2007년 단카이 세대가 대거 현직에서 은퇴한다고 하여 단카이 특수를 잡기 위한 움직임이 대대적이었고, 유럽뿐 아니라 동남아 국가들에서도 일본 은퇴 관광 수요 및 은퇴자 유치를 위해 다양한 움직임들이 계속되고 있으며, 우리나라 또한 예외는 아닙니다.

일본에 휘몰아친 한류 열풍에 대해서는 '일시적인 현상이다', '지속될 것이다' 등 의견이 분분한데, 어쨌든 우리의 경쟁요소를 확인했다는 점에서 의미가 크다고 할 수 있습니다. 일본의 시니어 전용 사이트에 들어가 보면 한류는 그들의 콘텐츠 중 하나로 정착되어 있습니다. 일본 중장년 여성들 중 한류 마니아 그룹은 확고히 자리하고 있음은 분명한 듯합니다.

중장년층의 특성 중 하나가 높은 충성도를 보이는 집단이라는 것이니 한류 충성도를 지속적으로 이끌 상품과 서비스는 놓치지 말아야 할 부분입니다. 지난해 일본 서점을 들렀을 때 한류 코너를 살펴본 적이 있습니다. 한국드라마를 사진집으로 만들어놓은 책, 한국드라마 관련 잡지들이 3~4개 눈에 띄었고, 한국 남자배우들의 사진집들이 많이 눈에 띄었습니다.

이때 느낀 특이한 점은 한류 잡지들의 인쇄상태가 선명치 않다는 것이었습니다. 어떤 책 하나만 그랬다면 '아! 인쇄가 잘못되었구나.' 하고 느끼겠지만, 전체적으로 잡지들이 상태가 좀 오래된 듯했고, 본문 구성 또한 세련된 느낌과는 거리가 있었습니다.

분명 일본과 우리나라의 디자인적 차이가 있을 수 있음을 전제하고 보더라도 그것은 분명 '의도적'인 작업이라는 느낌이었습니다. 그들의 다른 잡지들과 비교해 보면 단번에 알 수 있는 일이겠지요. 그때 스치던 생각이 그들이 한류에서 찾는 정서 중 하나가 이런 것이 아닐까 하는 것이었습니다. 반드시 저의 생각이 맞다고 할 수는 없지만 그럴만한 개연성은 충분합니다.

우리의 입장에서는 '한국적'인 것을 그들의 시각으로 '좀 오래된', '낡은', '고전적인'이란 포장을 한 것에 대해 유쾌한 일은 아닐지 모르지만, 일본에서의 우리의 상품의 경쟁력 중의 하나는 아닐지…. 뭔지 그들의 현재에서는 채워지지 않는 지나간 시간 속의 이미지들을 가진 나라. 우리가 가진 경쟁력이 무엇인지를 외부의 시선으로 바라보는 것, 그것이 진정한 경쟁력을 포착하는 방법입니다.

우리가 자랑스러워하는 것과 그들이 우리에게 바라는 것이 반드시 일치하지는 않습니다. 기술이 아닌 문화의 영역에서는 더욱이나. 기업들이 해외 진출에 실패를 겪는 것도 이와 같은 발상에서 출발하기 때문이 아닐지. 국내 소비자의 눈높이와 해외 소비자의 눈높이의 다름을 연구하는 것, 그것이 글로벌 시대에 필요한 상상력과 창의력입니다. 또한, 나이 많은 사람들이 많아지는 세상, 젊은 사람들만의 시각으로 시장을 재단해 버리는 오류 또한 이와 크게 다르지 않은 이야기입니다.

참, 일본이 '우리에게 원하는 바'라는 부분은 지인으로부터 들은 이야기로 좀 더 확신을 얻게 되었습니다. 일본 아사히신문 취재팀을 서포팅해 준 지인의 말에 따르면 그 취재는 단카이 관광객들이 찾아볼 만한 한국의 명소에 대한 소개였다고 합니다. 유명한 한정식집을 취재하러 간 그들이 포착하는 이미지는 상다리가 휘어지게 차려진 음식이 아니라 우리는 별로 드러내고 싶지 않은 요소들이더라는 것입니다. 그들의 눈에 새로움으로 다가가는 것, 그것이 경쟁력 있는 상품입니다. 너무도 당연하지 않은가요?

시니어, 그들은 어떤 고민을 하고 있는가?

> PB고객 미혼자녀의 일대일 중매를 전담하는 커플매니저를 따로 두고 있다. 고객 간 중매가 은행의 수신 증대에 실질적인 도움이 되기 때문이다. 한 고객은 30대 초반의 딸을 '자녀 클럽'에 가입시키고 싶다면서 증권사에 예치해 놨던 30억 원을 신한은행으로 고스란히 옮겨왔을 정도. 이 은행 관계자는 "은행을 통해 소개받으면 적어도 상대 집안의 재산 상태는 믿을 수 있다는 인식 때문"이라며 "'상류층' 고객들이 그들만의 폐쇄적 네트워크를 원하는 속성도 이런 서비스 확대에 영향을 미쳤다"고 설명했다.
>
> 〈동아일보 2008. 06. 21〉

시니어, 그들의 당면한 고민거리들은 무엇일까? 차마 생각하지 못하고 있는 문젯거리는 무엇일까? 복지든 비즈니스든 타깃층의 고민거리는 문제 해결의 열쇠가 됩니다. 하지만 아직까지 시니어를 대상으로 한 통계자료가 부족한 현실에서는 선진국의 사례를 통해 미루어 짐작해 보는 것도 한 방법이지요.

선진국들에서 벌어지는 시니어를 대상으로 한 상담산업은 어떤 것이 있는가를 살펴보면 시니어층의 고민을 역으로 추정해 볼 수 있습니다. 일본의 경우, 지난 한 해 황혼이혼 관련 책자들이 많이 쏟아져 나왔습니다. 피하고 싶거나, 잘하고 싶은 사람들의 니즈를 반영한 것이지요.

황혼이혼은 역으로 말하면 다른 삶을 살아보겠다는 의지이기도 합니다. 젊은 사람들이 생각하기에 '그 나이에 무슨'이라고 생각할지 모르지만, 그 나이에도 이혼을 상상하는 그들의 달라진 의식을 눈치채야 합니다. 황혼이혼이 화두가 되는 가운데 급격히 성장하는 시장이 재혼, 만남 관련 시장입니다.

미국에서도 시니어들에게 가장 인기 있는 인터넷 사이트는 매칭, 만남을 중재하는 사이트라고 합니다. 우리나라도 결혼 정보 업체와 재혼 전문업체의 공동 조사 결과에 따르면 전체 재혼 희망자 중 50대 이상은 남성 29.1%, 여성 20.7%를 차지합니다. 특히 남성 60대 이상도 전체의 9.6%에 달한다고 합니다.

자녀의 결혼과 관련한 시니어들의 고민 속에서도 시장을 발견할 수 있습니다. 젊은 사람들의 결혼이 늦어지는 것이 노인 성형의 인기가 높아지는 한 원인이 되기도 합니다. 자녀의 결혼식장에서 너무 나이 들어 보이지 않기 위해 젊어 보이는 성형을 하는 시니어층도 늘고 있습니다.

또한 결혼하지 않으려는 자녀들로 인한 고민이 시니어층을 향한 특화된 서비스를 만들어내기도 합니다. 앞서 인용한 VIP 시니어 타깃의 금융권의 자녀미팅 주선 서비스가 한 예가 될 수 있습니다.

현재 일본에서는 시니어들을 대상으로 자녀의 늦어지는 결혼에 대응한 고민 해결 세미나가 열리고 있는데 시니어들이 많은 관심을 둔다고 합니다. 자녀의 문제가 시니어들을 불러모으는 또 하나의 매개가 될 수 있습니다. 자녀 결혼과 관련한 고민은 어찌 보면 자녀 세대와의 소통의 문제라 볼 수도 있습니다. 달라진 젊은 세대의 인식, 가치관에 대한 간접 교육의 장이 될 수도 있겠지요. 자녀들의 심리, 부모의 대응 방안 등에 관한 교육은 시니어에게 정말 필요한 교육입니다.

시니어 산업은 이처럼, 시니어 당사자들 의식의 변화뿐만 아니라, 그들을 둘러싼 전방위의 변화들이 상호작용을 하면서 어떤 시장은 놀랍게 성장하기도 하고 그로 인해 그들의 변화를 불러오기도 하는 등 딱 예측하는 대로 움직이는 것이 아니라 의외성과 놀라움과 재미가 있습니다.

일직선으로 그어놓은 선대로 가지 않는 시니어들의 색다른 행보가 시장을 예측하려는 사람들에게는 당혹스러움일지 모르지만 다양한 형태로 열리는 시니어 라이프는 많은 사람들이 노년을 새롭게 인식하는 희망적인 메시지가 아닐까요?

시니어들의 온라인 놀이터

어떻게 놀까? 노는 것은 행복한 일입니다. 하지만 놀 시간이 절대 부족했던 시대를 살아오신 분들의 은퇴 후 여유로워진 시간은 막막합니다. 쉬는 것이 노는 것이던 시대를 살아온 분들이 새삼 재밌게 노는 방법을 찾아내는 것 또한 고령사회의 화두가 아닐까 싶습니다. 잘 놀아야 건강하고 행복하기 때문입니다.

요즘은 잘 노는 사람이 일도 잘한다고 말합니다. 그건 행복한 사람이 일도 잘한다는 말과 상통합니다. 하지만 행복의 기준이 저마다 다르듯, 행복해지는 놀이 또한 저마다 다를 것입니다.

시니어들을 행복하게 할 놀이는 어떤 것이 있을까요? 일단 무작정 노는 것보다 배움이 있는 놀이라면 좋을 것 같네요. 그리고 그 놀이가 다른 이와의 연결점이 된다면 더욱 좋겠고요.

얼마 전, 지난해 알게 된 마이크로 소프트가 지원하는 시니어 프로그램에 온라인 놀이 과정을 제안했습니다. 온라인 쇼핑몰 창업 과정을 이끌고 계신 교수님이 꼭 필요했던 제안이라며 반겨 주시네요. 쇼핑몰 창업도 중요하지만, 온라인의 다양한 효용성을 즐기는 것이 우선되어야 하지 않나 싶습니다. 그 결과 쇼핑몰 창업 과정 또한 더 시너지를 낼 수 있을 것이고요.

올해의 화두는 시니어들이 컴퓨터를 즐기고, 유용한 도구로 활용할 수 있는 다양한 방법을 찾아내는 것으로 해야겠습니다. 온라인 게임을 배우며 즐기고, 그리고 그 즐기는 방법을 다른 이들에게도 가르치고, 게임을 즐기는 시니어들이 많아지면 당연히 시니어 게임에 대한 고민도 본격화되겠지요. 그때 시니어들은 자신들이 원하는 게임에 대한 밑그림을 제안할 수도 있을 것이고요.

세계적인 히트 상품이 된 닌텐도 게임기보다 더 뛰어난 두뇌 단련 게임을 우리가 만들지 말란 법은 없습니다. 일단은 새로운 것을 시도하는 즐거움으로 시작해 보려 합니다. 그 과정에서 시행착오는 당연하겠지요. 하지만 명확한 목표가 있다면 그 시행착오마저도 즐거운 놀이가 아닐는지요. 이제 권위를 벗고, 잘 노는 시니어에 도전해 보시면 어떨까요?

저는 컴퓨터는 애완견보다 더 시니어들의 유용한 벗이 될 수 있다 생각하고 있습니다. 미리 컴퓨터와 친해 둬야 실버봇(실버를 돌보는 로봇)이 나와도 낯가림 없이 금방 친해지지 않을까요?

'까다로운' 소비자의 힘

'행복'하십니까? 새해를 어떻게 맞이하셨나요? 저는 2010년 하고 싶은 일, 꼭 해야 할 일이 너무 많아 어찌 이 일을 효과적으로 해낼 수 있을까 하는 행복한 고민을 하고 있습니다. 날마다 변화하는 세상을 마주하는 것은 저같이 궁금한 것 많은 사람에게는 참 신나는 일입니다.

어제는 한 대형마트의 소비자 간담회에 참석했습니다. 30대 초반, 중반의 주부들과의 만남은 참 신선했습니다. 그야말로 참 현명한 소비자들이구나 하는 생각을 하게 합니다. 하지만 그에 반해 기업 측의 담당자들은 주로 젊은 남성들로 대형마트의 주 소비자인 주부의 마음을 읽어내기에는 턱없이 부족하다는 생각을 하게 됩니다. 주부들의 전문가 이상의 다양하고 현실적인 제안들, 그녀들의 아이디어를 구체화하면 가장 저렴하고도 쾌적하고 행복한 쇼핑공간이 만들어질 듯합니다.

하지만, 행사를 주관한 리서치 회사의 직원들도 마트의 주 소비자들은 아닌 듯합니다. 과연 이곳에서 쏟아져 나오는 좋은 비판들을 제대로 공감하고 있는가 하는 의문이 들었습니다. 이렇듯 소비자는 다양한 쇼핑 경험과 비교를 통해 자신이 원하는 것을 구체화하고 있습니다.

그리고 경쟁에 앞서가는 기업은 이미 자신들이 할 수 있는 최선의 모델을 제시하고 있습니다. 어제의 경험은 제게 경쟁에 앞서가는 기업과 시니어 소비자의 역할과 관련한 제 생각을 확신하는 기회가 되었습니다.

제품의 질, 신선도에 중점을 둔 ○○ 마트의 부상과 시니어 소비자, 시니어의 현명한 소비력이 견인하는 젊은 소비자와의 관계에 관한 것입니다. 쾌적하고, 다양한 오락거리를 제공하는 현대적인 첨단의 대형마트가 즐비함에도 불구하고, 참석한 젊은 주부들 모두가 농수산물을 구입할 때는 최첨단과는 거리가 있는 ○○ 마트를 이용한다는 것이었습니다.

신선한 농수산물로 중장년층 이상이 주 고객인 ○○ 마트가 젊은 주부들에게 또한 농수산물은 그곳이라 통하고 있다는 것이지요. 노인들이 가는 곳 같은 분위기, 그다지 섬세하지 않은 서비스가 맘에 들지 않지만, 그럼에도 불구하고 최고의 품질을 제공하기에 젊은 그녀들도 세련과는 거리가 먼 그곳을 이용한다고 합니다.

나이 든 고객을 만족시키는 상품은 그야말로 시간과 함께 축적된 소비 경험으로 전문가 이상이 된 고객이 검증한 제품입니다. 물건만은 그곳임을 검증해 주는 시니어 소비자의 위력. 더 늦지 않게 다른 기업들도 깨달아야 하지 않을까요? 시니어의 파워가 무엇인지를 젊은 주부들의 생생한 목소리로 전해 들은 날입니다.

지금, 일본에서 백화점은 사양길에 접어들고 재래시장이 경쟁력을 얻고 있다고 합니다. 믿기 어려운 일이지만, 재래시장 홍보 팸플릿에 백화점 광고를 싣는다고 하네요. 지금, 우리나라는 고령화 속도뿐 아니라 사회 재편 속도 또한 급물살을 타고 있습니다. 이웃 나라의 일이 그리 먼 뒷날의 일이 아님을, 이미 우리의 현실 곳곳에서 발견할 수 있습니다. 이를 발견한 기업들은 이미 경쟁에서 앞서가고 있습니다.

100세 시대, 온라인에서 물꼬를 열다

버리고 갈 것만 남아서 참 홀가분하다

'저출산 고령화'로 인한 사회 구성원의 변화는 사회도 산업도, 사람들의 의식까지도 변화시킵니다. 고령자의 증가와 함께 성장이 가장 확실시된 분야는 '죽음'과 관련한 시장이 아닌가 싶습니다.

2년 전쯤부터 부쩍 실버토털기업을 표방하면서 장례 산업에 뛰어드는 회사들이 많이 생겨났습니다. 축적된 노하우 없이 시장이 보인다고 난데없이 뛰어드는 듯한 상조업의 난립은 이미 예견된 것이었습니다.

어제 신문을 보니 한 조선회사에서도 상조업에 진출했다는 기사가 실렸네요. 웬 조선회사가 난데없이 상조 사업? 자세한 뒷 얘기는 차치하고라도, 어쨌든 실버산업이란 "시장이 있기는 한 거야?"라는 사람들의 의구심에 빠르게 시장이 답하고 있음이 느껴집니다. 상조업이 제대로 자리잡아 상품, 서비스로 제공이 되면 사람들의 '죽음'에 대한 생각도 빠르게 변할 것입니다.

미국 베이비부머들이 자신의 장례식을 디자인한다는 얘기가 먼 남의 나라 얘기만은 아닌 듯합니다. '죽음'을 기피하고, 외면하는 문화로 인해 준비되지 않은 죽음의 폐해가 많았던 것이 우리의 현실입니다. 하지만,

'죽음학회' 회장님의 우리나라 국민의 죽음의식은 2천 불 수준이라는 한탄도 그리 오랜 걱정이 되지는 않을 듯합니다.

어느 날부터인가, TV에서 쉴새 없이 상조회사들이 광고를 쏟아내고 있습니다. 우리는 어느새 죽음을 저 너머가 아닌, 내 자신, 내 주변의 일임을 실감하게 됩니다. 점점 더 방송의 힘은 우리의 죽음의식을 2만 불 수준으로 빠르게 격상시킬 듯합니다.

죽음을 알면 삶이 행복해진다고 합니다. '죽음' 그 영원한 이별을 짬짬이 생각한다면, 모든 것들에 그리 모질어지지는 않을 듯도 합니다. 그리고 매 순간을 더욱 소중히 하는 마음도 생기지 않을까요?

『버리고 갈 것만 남아서 참 홀가분하다』는 이 생의 매듭을 확실히 짓고 떠난 듯한 박경리 님의 유고시집 제목이 문득 생각납니다. 미련없는 하루, 그리고 봄날 되시기 바랍니다.

100세 시대, 온라인에서 물꼬를 열다

두 살 아기부터 90대의 어르신까지

어느 날 사무실에 들어온 전단지 글귀입니다. '두 살 아기부터 90대의 어르신까지'라는 문구가 눈길을 잡아끕니다. 그냥 막연하게 어르신이라고 하면, 내 얘기가 아니고만 싶은 것이 시니어들의 마음일진대, 90대 어르신이라고 나이를 선명히 했네요.

90대 어르신이란 표현이 70, 80대분들이 보시기에 왠지 자신들은 어린 듯한 느낌을 받을 것도 같네요. 사용하는 음식 재료들의 의학적 근거를 동의보감, 향약구급방을 넘어, 과학적인 데이터를 낼 법한 '서울대 노화연구소'까지 거론하여 신뢰감을 증폭시킵니다. 그렇고 그런 전단들 속에서 눈에 뜨이는 전단을 발견하는 것은 흔한 일이 아닙니다.

이 전단을 왜 뿌렸을까 싶을 정도로 성의 없고 아무 고민 없이 디자인해주는 곳에서 하라는 틀에 맞춰 상호와 전화번호만 교체한 듯한 전단 일색이기 때문입니다. '꼭 가봐야지.' 하고 생각하던 중 어느 날 그 식당 앞을 지나다 놀라운 광경을 마주했습니다. 80, 90대로 보이는 어르신들이 무더기(?)로 식당에서 나오고 계신 겁니다. 저는 그 연세의 분들이 젊은 동행자 없이 그렇게 단체로 이동하시는 모습은 처음 보았습니다. 분명 80, 90대로 보이는데, 모두 아주 정정한 분들이셨습니다.

저 혼자 생각엔 아무도 지칭하여 불러주는 이 없던 그야말로 90대의 어르신들께서 '아~ 날 불러주는 곳이 있네?' 하는 반가운 마음으로 그 식당을 찾으신 건 아닐까 마음대로 생각해 보았습니다. 김춘수 시인의 시가 문득 떠오릅니다.

'내가 그의 이름을 불렀을 때, 그는 나에게로 와 꽃이 되었다'

치매 할머니의 행복한 일상

이웃에 치매 증세가 있는 할머님이 살고 계십니다. 어느 날 집 앞을 서성이는 할머님을 만났습니다. 밖에 나오셨다가 길을 잃어버리신 것 같아 그 댁에 연락을 해보니 급한 볼일로 외출 중이라며 할머님을 제게 부탁했습니다.

날이 어두워지기 시작하는 초저녁 무렵이었습니다. 남의 집에 폐가 되어 안 들어오시겠다는 할머님을 억지로 집으로 모셨습니다. 할머님은 계속 고맙다. 집에 가야겠다는 말씀을 반복하셨습니다. 거실에 계시는 것을 불편해하셔서 아이 방에 들어가서 좀 누우시라고 했지만, 곧 가봐야 한다며 자세를 흩트리지 않으십니다.

두런두런, 이런저런 얘기를 나누다, 할머님이 저희 막내를 가리키며 저 아이가 이 집 아이냐고 확인을 하시더군요. 너무 당연한 질문에 의아한 생각이 들었습니다. 할머님이 가신 후에 보니, 아이에게 돈을 주셨더군요. 할머님은 고마움의 표시로 돈을 주시며, 혹시라도 엉뚱한 데(?)로 돈이 갈까 봐 확인하신 것이지요.

그일 이후 '치매'에 대한 저의 생각이 변하고 있습니다. 치매는 제가 이제껏 알았던 완전히 '정신을 놓는' 것이 아님을 할머님을 통해 배웠기 때문이지요. 할머님은 요즈음 낮 동안 치매 노인들을 돌봐주는 데이케어센터에 다니십니다.

아침 출근길에 뵌 할머님은 지금 '여기의 삶'에는 무연(無緣)한 듯한 표정입니다. 하지만 할머니의 존재를 인정해주는 한 공간에 대해서는 진한 애착을 갖고 있는 듯 느껴집니다.

혹시 자신을 태우러 오는 차가 오지 않을까 봐 불안해하십니다. 부축을 받으며 차에 올라타는 할머님은 무표정한 표정임에도 행복은 느껴집니다. 치매를 앓고 있는 할머님에게도 설렘이 있었네요.

조금 더 가만히 들여다보면, 더 많이 보이지 않을까요? 꼭 말하지 않아도 '있는' 세상들이.

'묻고 따지는' 소비자가 왕인 세상

'아무것도 묻지도 않고, 따지지도 않고' 하는 광고 문구가 화제가 되고 있습니다. 묻지도 따지지도 않는 것이 과연 옳은 걸까요? 문득 궁금해집니다. 이렇게 인심 좋고, 물렁하기만 하다면 그 기업에 대해 신뢰가 가지 않아야 정상입니다.

하지만 너무 묻고 따져 대는 야박한 세상에 자신들의 마음을 대변하는 듯한 광고 문구에 시니어 분들의 마음은 충분히 흔들렸을 듯합니다. 오가는 정을 중시하던 시절엔 '묻고 따지는' 까칠한 손님은 한 움큼 '덤'에서 제외되었습니다. 하지만, 정보화 시대인 오늘날은 '묻고 따지는' 현명한 소비자들을 기업들이 적극적으로 상품과 서비스의 홍보 대사로 활용하여 묻고 따지는 깐깐함은 경쟁력이 되었습니다.

묻고 따지는 것을 점잖지 않다 생각하시는 94세의 아버님이 동네 산책을 하시다 화원에 들르셔서 카네이션 화분 2개를 8,000원을 주고 사오셨습니다. 그 자리에서는 묻지도 따지지도 않고 사오신 아버님, 저녁내 너무 비싸게 사신 것 같다며 불편해하십니다.

'가격이 왜 이리 비싸냐?'는 질문은 세상 물정 모르는 노인네처럼 보일까 멈추셨을 것이고, 좀 깎아달라는 이야기는 점잖은 체면에 할 얘기가 아니라 생각하셨을 것입니다. 그리고 며칠 전 가족들과 꽃을 함께 사러 갔을 때는 이보다 훨씬 싸게 사셨었다는 얘기는 돌아오시는 길에 그제 야 떠오르셨을 겁니다.

　가까운 곳 외출하실 때도 양복을 입고 나서는 아버님, 양복을 입어야 그래도 남들이 허투루 보지 않을 거라 생각하시는 위축된 마음. 노인으 로 산다는 것, 내 확신도 내 것이 아닌 노인으로 산다는 건, 참 쓸쓸한 일인 것 같습니다.

'리봄' 약 팔아요~

지난주와 이번 주는 계속되는 외부 강연으로 다양한 지역의 시니어 분들을 만나는 시간이었습니다. 다니면서 한결같이 느낀 것은 시니어 분들이 무엇인가 새로움을 갈구하고 있다는 것이었습니다.

강연 자리를 주최한 측에서도 이렇게 많은 호응이 있으리라고 예상치 못했다고 얘기합니다. 제 생각보다 시니어 분들의 의식 변화 속도가 더 빠르다는 것을 실감한 시간들입니다. 이제 베이비붐 세대가 노년기로 본격 진입하기 시작하면 그 속도는 더욱 급물살을 탈 것입니다.

주최할 수 없이 길어진 여생이 아닌, 내게 주어진 소중한 시간, 비로소 자신에게 집중할 수 있는 인생 2라운드의 시간을 멋지게 설계하자는 얘기에 많은 분들이 공감해주셨습니다. 설계도가 있는, 준비된 인생 후반기는 많은 것을 이루어낼 수 있는 시간입니다.

『아웃라이어』라는 책을 읽다 보니 하루 3시간씩 10년, 1만 시간을 한 분야에 집중한 사람은 전문가가 된다고 합니다. 평균 수명을 80세라 할 때 60세 이후 우리에게 주어진 시간은 잠자고, 식사하는 등의 시간을 빼고도 7만 시간이라고 합니다.

기억력, 체력 등이 쇠퇴한다는 것을 감안하여도 최소한 한 분야의 전문가가 되고도 남는 시간이 우리 앞에 있습니다. 중요한 것은 뭘까요? '나이 들었어도 뭔가 할 수 있다.'와 '나이 들었으니 아무것도 할 수 없다.'는 생각 차이입니다.

일본엔 1인 기업, 시니어 전문가들이 많습니다. 뭔가 한 분야에 집중한 결과이지요. 이웃 나라의 그들은 되는데, 대한민국의 우리들이 안 되는 이유는 뭘까요? '안된다'고 생각하고, 시작조차 하지 않았기 때문입니다. 이제 도전하는 노인이 늘고 있습니다. 고정관념 속의 '뒷방노인'은 사라지고, 평생 현역, 도전하는 시니어가 늘고 있습니다.

가끔 강의장에서 실버, 시니어 관련한 회사라고 하면, '무슨 약을 파시는데요?'라고 질문하시는 분이 계십니다. "'리봄 약' 팔아요~" 몸의 회춘만으로 행복하게 살 수 없습니다. 생각의 회춘, 그것이 '리봄' 입니다.

정관장의 상대는 노스페이스다?!

　'나이키의 상대는 닌텐도'라는 말 들어 보셨나요? 몇 년 전에 출판된 유명한 마케팅 책의 제목입니다. 동일 업종은 물론 다른 업종까지도 경쟁 대상으로 고려해야 하는 기업의 치열한 경쟁 상황을 표현한 말입니다.

　나이키는 아시다시피 유명한 운동화 브랜드이고, 닌텐도는 아이들에게 선풍적인 인기를 끌고 있는 휴대용 게임기 브랜드입니다. 닌텐도 게임을 즐기는 아이들이 많아지면서 아이들의 바깥 활동이 줄어들고 그것이 곧 운동화 나이키의 매출 감소로 이어진다는 것이지요. 그야말로 무한경쟁의 시대임을 실감케 하는 표현입니다.

　기업들이 본업과는 전혀 다른 이(異) 업종으로 진출하는 배경을 조금은 이해할 수 있을 것 같습니다. 자사의 매출 감소의 원인이 다른 경쟁 브랜드 때문이 아닌, 전혀 다른 이(異) 업종 때문이었음을 발견하게 되는 것이지요. 시장의 판도가 변하는 것을 눈치챈 것이지요.

　브랜드의 부침을 보아도 세상 변화를 읽어볼 수 있습니다. '나이키의 상대는 닌텐도다.'를 시니어마켓에 적용해 보면 '정관장의 상대는 노스페이스다.'라는 말이 성립하지 않을까요?

건강식품을 통해 건강 관리를 하던 시니어들이 운동을 통한 건강 관리로 빠르게 변하고 있으니까요. 지난 토요일, 몇몇 분과 함께 관악산 등반을 했습니다. 동네 뒷산 오르기가 전부였던 제겐 처음 도전해 보는 제대로 된 산행이었습니다. 사방이 쑤시고, 결리지만 제 자신의 건강을 돌본 듯한 느낌에 흐뭇합니다.

산에 오르니 나이가 역전되더군요. 시니어 분들은 가파른 암벽도 종횡무진 누빕니다. '정관장의 상대는 노스페이스다.'도 계속되지는 않겠지요. 아웃도어 브랜드들의 다음 경쟁 상대는 무엇일까요?

그것을 읽어내는 것이 시니어 라이프 디자인이 될 것이고, 시니어마켓을 여는 비밀의 열쇠가 되겠지요. 산에 가면 다른 시니어를 만나게 됩니다.

결핍이 발명을 만든다

지난주 '실버타운개발연구소' 회원분들과 함께 경상도에 위치한 두 곳의 실버타운을 다녀왔습니다. 실버타운을 둘러보며 느낀 바가 많지만, 가장 인상적이었던 것은 바로 이 물건과의 만남입니다. 이 물건을 보며 모두의 입에서 '앗!' 하는 탄성이 나왔습니다. 과연 이것은 무엇에 쓰는 물건일까요?

실버타운에 계신 어르신들이 탁구를 즐기신다고 합니다. 하지만 탁구를 치면서 즐겁기만 하던 것은 옛일! 탁구를 하는 즐거움보다 떨어진 공을 주워야 하는 괴로움이 기다리고 있었습니다. 젊은 직원들이 앉았다 일어서는 고통을 알 리 없지요. 목마른 사람이 우물을 팝니다. 무릎을 구부리지 않고, 공을 주울 수는 없을까? 그래서 탄생한 물건이 바로 이 물건입니다.

낚싯줄의 탄성과 도구의 누르는 힘으로 바닥에 있던 탁구공이 공보다 좁은 낚싯줄 사이로 비집고 올라오는 것입니다. 일종의 '공'을 낚는 낚싯대네요. 탁구를 하는 것도 재밌지만, 공을 줍는 것이 또 하나의 게임처럼 즐거운 일일 것 같습니다. 이 물건 특허 내야 하는 거 아닌가요?

문득, 노인들을 대상으로 발명 경진대회를 열어보면 어떨까 하는 생각을 해보았습니다. 아무도 몰라주는 자신들의 불편을 해결하기 위한 생활 속 아이디어가 무궁무진하지 않을지요.

그리고 또 하나, 노인을 공경한다고 누군가 곁에서 탁구공을 주워 주었다면 과연 저런 발명품이 나올 수 있었을까 하는 생각도 하게 됩니다.

할머니의 재능과 손녀의 재능이 만난 조손 창업(1.3 창업)

젊은 사람들과 얘기하다 보면 그들이 장년층을 너무 얕잡아⑦ 보든지 아니면 경쟁자로 보는 양극화된 반응을 느낄 수 있습니다. 얕잡아 보는 배경은 무엇보다 정보화에 대한 젊은층의 우월감입니다. 시니어는 컴퓨터, 온라인과 무관하고 그것은 자신들의 전유물이라 생각하는 것이지요.

온라인을 장년층 또한 나름의 소통 도구로 활용하고 있다는 것에 대해 젊은층은 이해하지 못할 뿐만 아니라, 굉장히 놀라워합니다. 많은 가정에서 컴퓨터가 세대를 가르는 소통이 아닌, 불통 도구로 자리하고 있었음을 실감하게 됩니다.

젊은 세대가 컴퓨터에 많은 시간을 소모하는 것을 염려스러운 시선으로 바라보는 한편으로 장년층 또한 컴퓨터에 다가가려는 욕구가 강합니다. 컴퓨터가 더 이상 외면할 수 없는 현대의 필수 도구임을 실감하기 때문이지요.

또 하나, 나이 든 사람들을 젊은이들이 경쟁자로 느끼는 배경은 나이든 사람들의 일자리 찾기와 청년들의 일자리 만들기가 상충된다는 생각에서 출발하는 듯합니다. 젊은 사람과 나이 든 이의 경쟁력은 분명히 다

룹니다. 세대가 서로 일자리를 다투는 관계가 아닌, 서로 이해하고 소통하게 되면, 상호 간에 결핍된 부분이 상품과 서비스가 돼 새로운 시장이 창조될 수 있을 것입니다. 인터넷에 꽤 유명한 된장 판매 사이트가 있습니다. 된장을 맛있게 만드는 할머니와 손녀가 각자의 재능을 살려 온라인에서 된장 판매를 하는 것이지요. 신선한 1.3 창업(조손 창업)의 사례입니다.

젊은 사람의 솔루션(디지털)과 시니어의 콘텐츠(아날로그)가 만나면 창조적인 상품이 만들어집니다. 온라인에서의 된장 판매 또한 그 하나가 아닐지요. 온라인의 영역은 아직도 무궁무진합니다.

IT 강국 대한민국의 온라인 환경은 젊은층에 편향된 온라인이 아닌 반(半) 라인입니다. 20대들이 가장 쉽게 접근하는 창업이 20대 의류를 취급하는 온라인 쇼핑몰입니다. 차별화되지 않은 셀 수 없이 많은 쇼핑몰이 만들어지고 사라집니다.

하지만, 40대 이후를 겨냥한 쇼핑몰은 거의 없습니다. 그들은 온라인에서 구매를 안 하니까?! 구매를 안 하는 걸까요? 못하는 걸까요? 김장철입니다. 절인 배추를 컴퓨터로 산다는 할머니들을 만나며 저도 깜짝 놀라곤 합니다. 변화는 저기서 오는 것이 아니라, 바로 우리 곁에서 일어나고 있습니다

고령자 전략이란 탁상공론이지요~

경기침체에도 불구하고 현재 일본에서 고공행진을 계속하고 있는 기업이 있습니다. 닌텐도, 유니클로, 라쿠텐이 그것입니다. 미국 경제 주간지 포브스가 발표한 올해의 일본 40대 부자 목록 중 10위권 내에 이 기업의 대표들 이름이 올라 있습니다. 닌텐도는 게임의 패러다임을 바꾼 게임기, 게임의 대상을 젊은층에 한정 짓지 않은 게임기로 잘 알려져 있습니다.

라쿠텐은 일본의 대표적인 온라인 쇼핑몰입니다. 한때 라쿠텐은 시니어 고객을 위해 실제 백화점 구조에서 착안한 층별로 찾아 들어가는 웹 디자인을 선보여 눈길을 끌기도 했습니다. 그리고 나머지 하나가 우리나라에도 들어와 있는 의류 브랜드인 유니클로입니다. 참고로, 유니클로의 야나이 다다시(柳井正) 회장은 올해 일본 최고의 부자로 밝혀졌습니다.

제가 왜 이 이야기를 꺼냈을까요? 이것이 65세 이상 인구가 전체 인구의 20%를 넘어선 초고령사회 일본 산업의 현주소이기 때문입니다. '현재 게임을 하지 않는 사람들은 왜 하지 않을까?'라는 의문에서 출발한 닌텐도의 발상의 전환은 다양한 연령대가 즐길 수 있는 게임기를 만들어내

크게 성공했습니다.

'시니어가 왜 컴퓨터를 해?!'라는 우리의 편견으로는 도저히 이해할 수 없는 '라쿠텐'이라는 저렴한 온라인 쇼핑몰에서 구매하는 일본의 시니어들, 일본 국민 유니폼이라 칭할 정도로 남녀노소 누구나 입는 합리적인 가격대의 의류 브랜드, 세 가지 모두 타깃이 특정 연령층에 한정된 것이 아니라 나이 때문에 망설일 필요 없는 나이의 장벽을 허문 상품, 서비스라는 특징을 갖고 있습니다.

과장된 해석일까요? 올해 일본 최고의 부자, 야나이 회장(1949년 2월 7일생)은 얼마 전 조선일보와의 인터뷰에서 노인 고객을 잡기 위한 전략이 무엇이냐는 대담자의 질문에 다음과 같이 말합니다. "전혀 없어요. 나도 고령자입니다만, (자신의 옷을 가리키며) 이런 셔츠, 이런 바지, 이런 재킷을 입고 있는데, '그건 고령자용'이라고 하면 다시는 입고 싶지 않아요. '고령자 전략'이란 탁상공론이지요."

과연 그럴까요? 그는 회사 전단까지도 본인이 직접 체크한다고 합니다. 이미 유니클로에는 고령자 자신의 전략이 녹아 있는 것이지요. 젊은 세대의 어긋난 고령자 전략에 일침을 놓는 시니어 파워 이것이 초고령사회 일본의 모습입니다. 과연 일본의 모습은 멀고 먼 남의 나라 이야기이기만 할까요? 우리는 지금 세계에서 가장 빠른 속도로 고령사회로 진입하고 있습니다.

55세 미만, 애들은 가라~

'풋내기' 금지, 일본의 시니어를 대상으로 하는 웹 사이트나 잡지, 출판물 등의 젊은이⑺를 소외시키는 연령 차별 장치입니다. 아직 인생을 한참 모르는 55세 미만은 얼씬거릴 꿈도 꾸지 말라는 것이지요.

이쯤 되면 어른들의 어깨가 으쓱합니다. 어른의 위상을 한껏 치켜주는 장치입니다. 그리고 왠지 젊은 사람들도 진정 어른의 세계가 궁금하여 기웃거려보고 싶은 유혹을 느끼지는 않을까요? 풋내가 걷힌 완숙함이 있는 공간, 진정한 어른이 된 그들의 이야기가 있다. 모든 노인의 로망이 아닐까요?

주름살, 흰머리 피할 수 없는 세월의 흔적 속에서도 영원히 주름 지지 않는 마음은 노년에 대한 편견 속에서 길을 잃습니다. 어찌 보면 스스로 체면이라는 허상 속에서 길을 막아 버렸는지도 모를 일입니다.

'55세 이하는 금한다', '풋내기는 금한다'는 우리보다 앞서 실버마켓이 형성된 일본의 상품, 서비스 사례에서 많이 보입니다. 자신들만의 상품을 갖지 못했던 노년층에게 다가가기 위한 전략이겠지요. 젊은이들 위주인 상품과 서비스 속에서 나이 때문에 차별받던 노인들의 한을 풀어주는 장치가 아닐지요. "너희들이 접근하지 못할 우리만의 것도 있어! 애들은 가라~"와 같은.

노년으로 살아가야 할 시간이 길어졌습니다. 인생의 어느 시기도 덧없이 흘려보내는 시간이어서는 안 될 것입니다. 우리의 삶은 소중하니까요. 풋내기는 알지 못할 노년의 시간을 배우고 즐기고 계신가요?

우리나라 종로 3가에도 '55세 미만 사절' 라이브 카페가 생겨났다고 합니다. 젊은 사람들의 시선으로부터 당당한 공간 속에서 맘껏 어른의 문화를 만끽하면 좋겠습니다.

단지 소비자가 아닌, 스스로가 주체가 되는 공간, 종로 3가가 노인 문화의 메카가 되었으면 좋겠네요. 우리 어르신들도 '풋내기는 안 돼!' 하는 당당한 목소리를 낼 수 있었으면 좋겠습니다. 그래서 풋내기들이 기웃거리고 싶은 그런 거리를 만나고 싶습니다.

시니어, 그들만의 아지트

얼마 전, 한 주간지에서 '시니어, 그들만의 아지트'라는 기획 기사를 쓴다며 인터뷰 요청을 해왔습니다. 기자 분과 만난 곳은 지하철 역사 내에 있는 커피숍이었습니다. 'OO역, O번 출구 계단 바로 옆'이라 설명하면 누구도 헤매지 않고 찾을 수 있고, 갑자기 비가 와도 당황할 필요가 없는 지하철을 교통수단으로 이용하는 사람들에게 최적의 만남의 장소입니다.

늘 오가면서, '언제 한번 들어가 봐야지.' 하고 벼르기만 했던 그 카페는 밖에서 보기보다 훨씬 넓은 공간이었습니다. 그런데 그곳은 우연의 일치인지 취재 기사에 딱 들어맞는 '시니어, 그들만의 아지트'였습니다.

30대의 기자분도 카페 손님들 대부분이 50, 60대 시니어 분들인 것을 보고, 놀라워하며 인터뷰가 끝난 후, '이제까지 보지 못했던 것들을 이제부터 볼 수 있게 된 것 같다.'는 이야기를 하더군요. 우리들은 고정관념 때문에 변화를 보아도 보지 못하고, 인정하지 못하는 것은 아닐까 생각하게 됩니다.

문득, 4년 전쯤의 일이 생각납니다. 시니어들이 많이 거주하는 분당의 아파트 앞 상가에 들렀을 때입니다. 멋진, 그러나 좀 무료한 듯한 시니어 여성들이 눈에 많이 띄었습니다. 한 옷가게 주인에게 "나이 드신 분들이 많이 보이네요."라고 말하자 주인은 큰 비밀이라도 들킨 듯 "요즈음 들어 상가에 물이 안 좋아졌다."고 말하더군요.

분명 상가에 들르신 분들은 고객일 텐데 그들은 시니어 분들을 고객으로 여기지 않는 듯했습니다. 주로 그곳의 고객이 누구인가를 묻자 요새 젊은 사람들은 인터넷 쇼핑몰에서 옷을 사서, 장사가 잘 안 된다고 말하더군요. 그렇다면 젊은 여성들보다 분명 가능성이 높은 고객은 그곳을 방문하는 시니어 여성들임이 분명합니다.

상점 주인들이 시니어 여성들을 고객으로 달가워하지 않는 데는 분명한 이유가 있었습니다. 소비의 달인이 된 시니어 소비자들의 깐깐한 눈높이가 말 많고, 까다롭다고 여겨지는 것이었습니다. 상가 번영회에서도 이러한 변화에 대한 논의가 시작되었다며 그녀는 제가 뭐 하는 사람이기에 그런 변화를 눈치챘는지를 무척 궁금해했습니다. 단지 저는 '눈에 보이는 대로' 말했을 뿐인걸요. 4년이 지난 지금, 그 상가는 서비스도, 품목도 많이 변해 있습니다. 시니어, 그들을 고객으로 바라보기 시작한 거죠.

얼마 전, 초고령사회 일본에서는 'From now'라는 시니어를 위한 인터넷 사이트가 새롭게 오픈하였습니다. '이 나이에…', '너무 늦은 건 아닐까…' 변하기를 두려워하는 시니어들에게 '지금부터(From now)'라는 메시지는 위안과 용기를 북돋워 주는 듯합니다.

리봄도 봄맞이를 시작했습니다. 시니어 그들만의 아지트가 아닌, 통(通)하고자 하는 이들, 모두의 아지트를 오픈했습니다. 작은 공간을 아기자기한 이야기와 큰 꿈으로 채우려고 합니다. 리봄의 아지트로 여러분을 초대합니다.

시니어는 코끼리다

 '시니어'에 대해 궁금해하는 분들이 폭넓고, 다양해지고 있습니다. 각자의 생각 속에 있는 '시니어'의 모습은 참으로 천차만별입니다. '시니어 라이프 디자인' 관련 제 강의안에는 코끼리 사진이 들어있습니다.

 시니어를 파악한다는 것은 그야말로 장님이 코끼리를 더듬는 것과 같다는 생각을 합니다. 코를 만지게 된다면 '길다'고 할 것이고, 엉덩이 정도를 더듬어 본다면 '거친 표면을 가진 넓적한 것'이라 말하겠지요.

 여러분은 '시니어'를 만져 보셨나요? 이웃 나라 일본에서는 '2007년 문제'라 하여 단카이 시니어 세대(1947~1949년 출생)의 대거 은퇴를 앞두고 많은 논란이 있었습니다. 우리나라 또한 베이비부머(1955~1963년 출생) 세대의 퇴직이 시작되는 시점이라 '시니어'에 대한 관심이 본격화되고 있습니다.

 정책적 접근 또한 다채로워 갑자기 시니어로 칭해지는 당사자들을 혼란스럽게 합니다. 창업을 해야 할 것도 같고, 사회공헌을 해야 할 것도 같고, 지방으로 옮겨가야 할 것도 같고… 진퇴양난의 딱 그 지점에 시니어가 있습니다.

 어쨌든 시니어는 코끼리처럼 크고, 다양한 능력을 갖추고 있음이 분명

합니다. 코로 물을 뿜을 수도 있고, 널따란 등판에는 짐을 얹을 수도, 사람을 실어나를 수도 있고, 두툼한 다리는 무기가 따로 없습니다. 그렇다면 정작 시니어 당사자들은 어떨까요?

'나는 시니어가 아니야.' 하는 정체성의 혼란을 겪고 있는 경우가 대부분인 듯합니다. '몇 세부터 시니어'라는 정의가 있는 것이 아니다 보니 어찌 보면 너무도 당연하지요. 또한 시니어에 부과되는 의미가 '더 이상 젊지 않은'이고 보니 영원히 인정하고 싶지 않음이 인지상정입니다.

하지만 사방을 돌아보면 젊다고 우기기에는 민망하게, 이미 또 다른 젊음들이 지천입니다. '난 시니어가 아니야.' 하는 그 강한 부정을 '난 이런 시니어야.' 하는 새로운 긍정으로 만들어가는 것이 현명한 선택이 아닌가 싶습니다. 요즈음 저는 뭔가 단정 지으려 하고, 말이 많아지려 하면 의도적으로 귀를 열려는 노력을 합니다. 제 말보다는 상대의 말을 들을 때 좀 더 눈 밝아짐을 경험하기 때문입니다.

특히나 젊은 사람들과의 대화 속에서는 그들의 언어와 눈 맞추려는 노력이 저를 한층 성장시키는 것임을 알게 되었습니다. 귀를 열 때 비로소 그들을 이해하게 되어 저의 역할 또한 명료해지기 때문입니다. 옛 생각, 지식만으로 미래로 가는 문을 열 수는 없습니다.

올해는 젊은 분들과의 교류도 한층 많아질 듯합니다. 비로소 시니어와 젊은 세대를 잇는 시니어통(通)의 소임을 제대로 할 때가 온 듯합니다.

베이비부머의 노년시대, 그 미래가 시작됩니다

아무래도 적응 안 되는 빗줄기입니다. 지금 이 계절이 과연 여름이라 부르던 그 계절이 맞는 것인지, 알고 있던 여름의 기억이 희미해지며 어느 순간 다른 여름을 익숙한 여름으로 받아들이고 있겠지요.

추억 속의 여름을 되짚어보는 할머니가 되어 있는 그 시간을 한번 상상해 봅니다. ^^ 현재의 노인분들 또한 다른 시대에 태어난 젊은 세대와는 공유할 수 없는 추억들을 가슴 깊이 간직하고 있겠지요. 그 여름은 또한 어떤 여름이었을지 에어컨은 고사하고, 선풍기조차 꿈꾸어 볼 수 없던 그 여름의 기억들은 더욱 뜨겁고, 강렬할 듯합니다.

참 신비합니다. 서로 다른 시대에 태어나 다른 경험을 하고 다른 사고를 한 다양한 세대의 사람들이 다른 시각으로 세상을 바라보면서도 비교적 큰 충돌 없이 살아가고 있으니까요. 세대 차이란 이상한 일이 아니라 참 당연한 일이라는 생각이 듭니다. 세대 차이, 그 세대 간의 다름을 어쩌면 경쟁력으로 활용할 수 있는 것이 고령사회의 기회가 아닐까 하는 생각도 해봅니다.

이웃 나라 일본에 가보면 콘텐츠, 스토리 천국임을 실감합니다. 그 많은 콘텐츠가 가능한 것은 어찌 보면 다양한 세대들이 모여 사는 사회의 당연한 결과물이 아닐까 싶습니다. 다양한 시대적 경험을 가진 이들이 현재를 낯설지 않게 살아갈 수 있는 것은 다양한 콘텐츠가 있기에 가능한 일입니다.

우리나라에서 노인으로 살아가는 것이 이 시대에 걸맞지 않은, 이 시대의 사람으로 살아가는 느낌을 받지 못하는 것은 콘텐츠의 부재 때문이 아닐까 싶습니다. 젊은 사람들의 눈높이에 맞춰진 세상에서 노인들이 행복감을 느끼며 살 수는 없습니다.

그런 의미에서 지금의 변화들은 베이비부머 세대의 노년의 행복을 예감하게 합니다. 쎄시봉 열풍, 7080 음악의 부활, 시니어를 향한 다양한 정책들, 콘텐츠에 대한 고민들이 이어지니 그들은 노년을 낯설지 않은 세상에서 살아갈 수 있는 터전이 마련되고 있습니다. 사회는 물론, 콘텐츠가 풍성해지겠지요. 획일화가 아닌, 다양성의 공존, 그것이 바로 선진국의 목전이 아닌가 싶습니다. 지금 이 모든 변화의 징후들은 우리가 선진국으로 향하는 진입로에 있음을 말해주는 명백한 증거들이 아닐지요.

요즈음 참 재밌는 일들이 많이 벌어집니다. 다양한 콘텐츠를 가진 분들이 마법처럼 시니어통에 담겨지고 있기 때문입니다. 부지불식간에 이미 벌어진 고령사회로의 이행은 현재형으로 진행되고 있습니다. 고령사회는 저 먼 곳의 일이 아닌, 지금 우리들 주변에 벌어지고 있는 일들, 그리고 우리 각자의 마음속에 있는 노년의 꿈들의 총체가 아닐까요?

이제 조금 더 용기를 내어 고령사회라는 미지의 세계를 개척해나갈 때입니다. 지금 이 시기를 넘어서기 위해서는 진통은 불가피합니다. 진통, 낯섦을 견디기 힘들어 지금 이곳에 머문다면 우리는 그 너머의 세상에 다다르지 못할 것입니다. 더 멋진 세상으로 향하는 설레는 여행, 기꺼이 그 시간을 즐기고자 합니다.

100세 시대, 시니어와 여성이 열쇠!

오랫동안 연락이 닿지 않던 친구가 카카오톡에 메시지를 남겨 놓았습니다. 반가운 마음에 통화를 해보니 요즈음 통계청에서 일하고 있다는 뜻밖의 소식과 그곳 정년이 57세까지라서 57세 이후에 할 수 있는 일을 찾고 있는 중이라는 얘기를 들었습니다. 참 꼼꼼하게 미래 설계를 하고 있었습니다. "야~ 100세 시대에 당연한 것 아니냐."는 친구의 말에 리봄 디자이너가 머쓱해지는 순간입니다.

또 한 친구를 만났습니다. 집에서 과외 선생님을 하는 친구인데 잘 가르친다는 입소문이 나서 대기 학생까지 줄 서서 기다린다고 합니다. 살림만 하던 친구들이 어떻게 여기까지 오게 되었을까 궁금해 물어보니 이 두 친구는 한결같이 "하다 보니…."라고 말합니다.

먼저 이야기한 친구는 틈틈이 동사무소를 통해 통계 관련 일들을 맡아 하다가 성실성과 능력을 인정받아 통계청에 정식 입사하게 된 경우고, 한 친구는 집안 생활 틈틈이 영어 채팅⑺을 하면서 영어 실력이 녹슬지 않도록 하다가 자연스레 학원 영어 강사를 시작하게 되었고, 집안에서 과외를 하는 1인 재택사업자로 발전한 경우입니다.

"놀면 뭐하니?", "하다 보니까." 참 멋진 말이 아닌가 생각됩니다. 일이란 이렇게 자연스럽게 차곡차곡 실력을 쌓아가며 어느 사이 자기도 모르게 결실 앞에 와 있게 되는 것이 아닐까, 두 친구를 보면서 새삼 느끼게 됩니다. 그리고 무엇보다 중요한 것은 그녀들이 이제 본격적인 꿈을 꾸기 시작한다는 것입니다. 57세 이후를 설계하는 것이 그렇고, 과외 그이후를 생각하는 친구의 꿈이 그렇습니다.

친구들의 변화를 보면서 얼마 전 발표된 통계치가 새삼 떠오릅니다. 40, 50대 여성의 사회활동 비율이 20대의 사회 활동비율을 넘어섰다고합니다. 40대 여성의 사회활동비율은 65.9%, 50대 여성의 경우 59.3%입니다. 평균적으로 40~50대 여성 3명 중 2명은 사회활동을 하고 있다는얘기입니다.

우리 삶의 환경은 이렇듯 엄청나게 변화되었는데 여성은 가정일, 남성은 바깥일이라는 오래된 고정관념의 틀 속에서 자유롭지 못한 듯합니다. 20년 전에 제가 일본에서 보고 이해할 수 없었던 놀라운 모습 3가지가 있습니다.

1. 여자의 무겁지도 않은 핸드백을 들어주는 젊은 남자들
2. 생기 가득한 50대 여성들
3. 큰 가방을 든 젊은 여성들

지금은 우리 주변에서도 지천으로 마주하는 모습들이지요. 20년 전, 제가 보기에 너무도 놀라운 광경이었는데요. 어떻게 저럴 수 있을까? 하는 화두가 저를 이끌어 왔는지도 모릅니다. 그렇다면 15년, 20년 후의 우리의 미래도 현재의 일본과 흡사할 가능성이 꽤 높은데요. 그건 과연 바람직한 방향일까도 생각하게 됩니다.

장점은 배우고, 단점은 극복하기 위해 벤치마킹이 아닌, 지금 우리에겐 무한한 상상력이 필요할 때입니다. 누군가 지나간 길을 답습하는 것이 아니라, 새로운 미래를 창조하는 것. 그 역할의 큰 부분을 담당하게 될 사람들이 시니어와 여성이 아닐까 하는 생각을 부쩍 많이 하는 요즈음입니다. 비가 너무 많이 오네요. 비 피해 없으시도록 주변을 철저히 살펴야 할 것 같습니다.

온라인, 당신에겐 어떤 도구인가요?

"이 나이에 이걸 어떻게 했느냐고요? 그간 제가 얻은 최고의 교훈은 바로 인터넷 세상에 모든 것이 있다는 걸 발견한 것입니다. 저명한 학자·교수님 등의 많은 논문을 인터넷을 통해 쉽게 접했고, 모든 아이디어를 인터넷에서 구했어요. 인터넷을 심심풀이로 이용하는 구태를 벗고 세상을 바꿀 수 있는 도구라고 생각해 보세요. 저 이제 겨우 15살(미국 나이)이잖아요. 저도 했는데, 당신들은 훨씬 나을 수도 있죠!"

각종 언론으로부터 인터뷰 요청이 쇄도하고 있는 잭 안드라카(Jack Andraka)는 경제 격주간지 포브스와의 인터뷰에서 이렇게 말했습니다..

"인터넷 화면을 멍하니 바라보며 시간을 죽이지 마세요. 정보를 얻어가세요. 간단한 생각이, 할 수 있다는 생각이 인터넷을 통해 무궁무진하게 발전할 수도 있는 겁니다."

'초저가' 췌장암 조기발견기기를 만든 15세 천재 소년의 이야기입니다. 인터넷의 무한한 가능성에 대해 제가 실감하는 경이로움을 15세 소년이 정확하게 얘기해 주네요. 70대의 지인께서 보내주시는 이메일 속에 소년의 이야기가 담겨 있었습니다.

이렇게 사람과 도구를 통해 정보와 정보가 이어집니다. 꼭 내 눈에 띄지 않았더라도 그 정보가 내게로 왔고, 제 생각에 확신을 줍니다. 다양한 사람들과 연결된 힘입니다. 당신은 얼마나 많은 사람들과 연결되어 있나요?

인터넷은 이전의 수많은 불가능을 가능의 영역으로 변화시키고 있습니다. 제가 '시니어통'을 만들게 된 배경도 저 꼬마 소년과 크게 다르지 않습니다. '저출산 고령화' 늘 세트로 묶여 다니며 해결해야 할 과제라고만 하지 해결책을 찾는 구체적인 움직임은 보이지 않아 답답한 마음에 인터넷을 통해 세계 곳곳의 정보를 뒤지기 시작한 것이 출발입니다.

국내에 고령사회 관련한 궁금증을 풀어줄 마땅한 책도 없던 때라 해외 시니어들의 삶, 비즈니스 사례들은 놀랍고, 가슴 뛰는 이야기들이었습니다. 거기에는 '초라한 노년'이 아닌 여전히 다양한 삶의 방식을 누리는 시니어들의 이야기가 있었습니다. 혼자만 알고 있기에는 아까운 그 이야기를 퍼뜨리기 시작한 것이 뉴스레터 시니어통으로 이어졌습니다.

어느새 훌쩍 8년의 세월이 흘렀습니다. 이제 해외 사이트를 둘러볼 겨를도 없게 우리나라에도 많은 변화들이 생겨나고 있습니다. 그리고 제게도 많은 변화가 생겨났습니다. 고령사회 관련한 최초의 민간연구소 '시니어 일과 삶 연구소'를 개소한 것이 가장 큰 성과이고, 도전입니다.

미래는 먼저 '생각'하는 이가 만들어가는 것이라는 확신이 생겼기 때문입니다. 제게 새로운 미래를 열어준 도구는 인터넷입니다. 15살 소년의 말처럼, 제가 하고 싶은 얘기도 "저도 했는데, 당신들은 훨씬 나을 수도 있죠."입니다.

'온라인' 당신 삶 속에서는 어떤 도구로 쓰이고 있나요!

여성마켓과 시니어마켓의 유사성

아직까지 시니어마켓에 대한 정의 자체가 모호합니다. 10여 년 전, '여성마켓'이라는 용어가 모호했던 것과 같은 이치입니다. 하지만 현재 여성마켓은 너무나 당연하고, 가장 큰 시장으로 주목받고 있습니다. 그 이유가 무엇일까요? 조금만 생각해 보면 답은 자명합니다. '파워의 획득'이 그것입니다.

여성마켓이 정착되기 전, 여성은 전혀 소비를 하지 않았을까요? 물론 아닙니다. 여성의류는 당연히 여성마켓이었습니다. 하지만 그 외의 부분에 대해 여성이 주도적인 소비를 하지 못한다고 생각했습니다. 고정관념의 덫이었습니다.

남성의 영향력, 결정권이 더 크다고 생각했기 때문입니다. 하지만 속속 밝혀지는 진실은 이미 10년 전에도 소비의 주체는 여성이었음이 드러나고 있습니다. 남성들은 술 소비영역이 아닌 분야에 대해서는 이미 아내에게 소비선택권을 전가한 상태였기 때문입니다. 너무 바빠, 혹은 자잘한 부분에 대해선 관심이 없는 남성의 대범함 때문이었다고나 할까요? 시장이 진실에 눈뜨는 순간, 그리고 여성의 사회참여가 활발해지며 여성은 그야말로 시장의 주인으로 등극했습니다.

시니어마켓도 비슷한 경로를 밟을 것입니다. 아직 관심이 미흡해서 시장 전면에서 파워로 인정되지 않을 뿐이지 큰 소비자는 시니어층입니다. 주력소비층이 나이 들었기 때문입니다. 또한, 근래 부상한 것이 온라인이다 보니, 시니어들과 어울리지 않는 소비환경으로 그들이 소비자 그룹에서 소외되고 있기 때문입니다.

최근 데이터로 움직이는 시장환경은 변화를 빠르게 감지하며 50대 이후의 시니어층을 주목하고 있습니다. 그들이 이전에는 옷을 입고 살지도 않은 듯 50대 의류 브랜드가 속속 론칭하고 있습니다. 이런 변화는 무엇을 말하고 있는 걸까요? 그들을 진정한 고객으로 인지하였다는 것입니다.

그냥 30대 때 입던 브랜드를 어정쩡하게 입으며 나이들 수밖에 없던 소비자에게 선명한 정체성을 부여하는 시장의 움직임입니다. 이전의 50대의 삶과 현재 50대의 삶은 같을 수 없습니다. 하지만 다르다는 것이 외부로부터 인정받지 못하면 그들은 이전의 50대 삶의 방식을 마지못해 취할 수밖에 없습니다.

최근 50대 남성을 위한 캐주얼 브랜드의 론칭은 의미가 깊습니다. 50대들은 '양복'이라는 사회적 정체성을 잃은 후 급격히 노년으로 진입할수밖에 없습니다. 50대의 정체성을 활동성에 집중한 캐주얼 브랜드로 대변하려는 시장의 변화는 적확합니다. 어정쩡하고 후줄근한 중늙은이, 옷이 아닌 활동성 있고 품위있는 캐주얼이라는 새로운 그들의 정체성을 부여하는 장치입니다.

국민소득 2만 불 이상인 국가의 시니어는 캐주얼을 입는다고 합니다. 시니어의 의식 또한 양복으로 상징되는 제한, 권위, 격식의 틀을 벗고 자유롭고 품위있는 캐주얼 의류를 걸치는 순간 그들의 의식 또한 자유의 날개를 달게 될 것입니다. 양복을 벗는다고 끝이 아닙니다. 자유로운 몸짓으로 비상할 수 있는 캐주얼의 시기가 기다리고 있습니다. 그들에게 제공되는 멋진 캐주얼 시기, 이전 세대는 꿈꾸어 보지 못하던, 고령사회의 선물입니다. 이 땅의 시니어여, 아직 날개를 접을 때가 아닙니다. 그것이 이 시대 시니어의 소명입니다.

돋보기는 액세서리다

시니어 산업, 실버산업이란 무엇일까요? 오늘 다시 저 자신에게 새삼스러운 질문을 던져보려 합니다. 여러분들에게도 물론이고요. 시니어산업과 함께 하는 것은 당연히 그 시대 시니어의 의식입니다. 또한 당연히 그 시대 시니어를 바라보는 사람들의 시선입니다.

시니어가 과연 어떤 방식의 나이 듦을 선택할 것인가? 시니어들이 나이 듦을 선택할 수 있도록 시장은 지원해 주는가? 그리고 '시니어'를 바라보는 사회의 시선은? 과연 우리의 현재는 어디쯤일까요?

제가 하는 이야기 중 가장 반응이 뜨거운 것이 '돋보기는 액세서리다.'라는 것입니다. 신선하다. 기분이 좋은데? 아~ 바로 그거야!

답이 그것이 아닐지 모르지만, 돋보기가 액세서리일 수도 있다는 발상의 전환은 실버산업하면 떠오르는 우울한 그림에 반짝 별을 보는 듯한 역할을 하는 것 같습니다. '실버산업은 기저귀, 휠체어, 요양 산업이야.'보다 '돋보기가 액세서리가 되는 시장이야!'가 훨씬 고객과 시장을 설레게 하는 것이지요.

왜일까요? 우리 모두의 바람이 숨어있기 때문이 아닐까요? '노인은 추하다.', '노인은 병약하다.'는 뿌리 깊은 고정관념, 두려움, 우리 모두 그것을 깨고 싶은 것 아닐까요? 왜 아니겠습니까? 아무리 부정해도 모두가 나이 들어가고 있는 것을….

젊은 사람과 비교하는 외형적인 아름다움이란 기준으로 노인은 추하다고 단정해 버리는 것은 단연 폭력입니다. 노인의 아름다움은 분명 젊은 사람과는 다른 무엇일 것입니다. 노년의 아름다움이란 새로운 기준이 생길 때, 우리는 곳곳에서 노년의 아름다움을 발견할 수 있을 것입니다. 오늘의 시니어 라이프, 뷰티플 에이징(Beautiful aging)을 추천합니다.

고령사회, 노인이 늙지 않는 이유는?

노인이 되면 노안이 찾아온다. 노인이 되면 치아가 빠져 합죽이가 된다. 노인이 되면 척추가 휘어 꼬부랑 노인이 된다. 노인이 되면 치매가 온다. 노인이 되면 귀가 안 들려 목소리가 커진다. 노인이 되면 저승 꽃인 검버섯이 핀다. 그런가요?

고령사회의 괄목할 변화는 우리가 이전에 당연한 노화의 징후라 여기던 것들이 기술의 발달로 개선 가능한 질병으로 인식되었다는 것입니다. 이와 관련한 의료산업은 빠르게 성장하고 있고, 부지불식간에 우리 주변을 둘러싸고 있습니다. 실버산업하면 실버타운밖에 떠올리지 못하고, 고령사회의 의료하면 노인병원밖에 떠올리지 못하는 것이 고정관념의 한계입니다.

그 와중에 이미 고령사회라는 인식과는 무관하게 소비자 니즈를 눈치 챈 병원들은 빠르게 척추, 피부케어, 노안 관리, 보청기 관리, 남성 클리닉 등으로 새로운 의료시장을 급격히 성장시켜 놓았습니다.

실버시장이 올 거야? 실버시장은 이미 오래전에 왔습니다. 있어야 할 것부터, 소비자가 원하는 것부터, 소비자의 주머니와 타협이 가능한 시장부터. 이제 저변 확대, 서비스의 진화, 변화를 눈치채지 못한 채 왜 손님이 줄어드는지를 고민하던 병원들도 변화하겠지요.

> 최근 건강보험심사평가원이 발간한 '2008년 1/4분기 건강보험통계지표'에 따르면, 올해 1월부터 3월까지 노인들에게 지출된 총진료비는 2조 4,511억 원으로 집계됐다. 1/4분기 동안 총진료비가 8조 4,459억 원이니까 이중 약 29%가 노인들에게 쓰인 셈이다. 게다가 노인진료비 해당 금액은 매년 두 자릿수씩 성장하고 있다. 올해도 전년 동기대비와 비교할 때 약 16.1% 증가했다. 이런 결과는 65세 이상 인구가 계속적으로 증가하면서 당연히 노인들이 병원을 많이 찾기 때문이다. 이들의 내원일수는 65세 이상이 67,865,000일로 전년동기대비 10% 증가했다.
>
> 〈메디컬 트리뷴 2008. 05. 21〉

고객은 민감합니다. 고객으로 인식된 후 서비스는 치열해질 것입니다. 병원도 브랜드를 달고, 프랜차이즈화하고, 집중적인 홍보를 하는 시대입니다. 변화를 인지하지 못한 기존 병원들은 운영난에 시달리다 조금씩 외곽으로 이동해 갑니다. 변화를 감지하지 못하면 왜 경쟁력을 잃는지도 모른 채 도태합니다. 이유가 없다고요? 이유는 반드시 있습니다. 나이 들었기 때문이라고요? 관심을 멈추었기 때문입니다.

익숙한 것만 보고, 익숙한 길로만 가고 변화와는 담을 쌓고 사는 순간, 편협한 삶이 시작됩니다. 현재를 살되 현재의 사람은 아닙니다. 몹시도 슬픈 일입니다. 하지만 당연한 결과입니다.

성(城)을 쌓는 자는 이동하는 자를 이길 수 없다고 합니다. 나는 가만히 있지만, 세상은 변합니다. 세상과 함께 뛰지 않으면 나는 그냥 있는데 자꾸만 뒤로 갑니다. 그것이 노화입니다.

달라지는 세상, 나를 향한 정보가 쏟아져 나오지만 관심을 끊으면 내 것이 아닙니다. 노화를 질병으로 인식한다는 것은 엄청난 변화입니다. 기술의 발전이 인식의 전환을 가져온 것입니다. 노화를 질병으로 인식하며 나이 들어갈 젊은 사람들의 노후는 어떤 모습일까요? 상상해 보세요. 그들이 되는데 나는 왜 안 돼? 믿지 않기 때문입니다.

노화는 자연상태라고 믿기 때문입니다. 그렇다면 인생 100세 시대, 이것도 자연상태인가요? 시원한 주말 되시기 바랍니다.

시니어 비즈니스

100세 시대, 온라인에서 물꼬를 열다

100세 시대 정책

중기청 '시니어 창업 정책' 시니어라 부르고 교육이 시작된다

어제는 시니어 창업 지원과 관련한 중기청 서기관의 정책 설명 모임에 다녀왔습니다. 30억 원의 예산이 확보되어 올해 시범 운영될 계획인 시니어 창업 프로그램은 5년 내 1만 명의 시니어 창업주 육성과 그에 따른 일자리 창출을 목표로 하고, 20개의 시니어 창업 적합 모델을 만들어낼 계획이라고 합니다.

그러기 위해 선결되어야 할 것은 다양한 인생 경험을 가진 시니어의 경쟁력이 과연 무엇인지를 검증하는 것이고, 이미 경쟁력을 가지고 현역에서 활동하고 있는 평생 현역 모델 발굴 또한 필요하다고 생각합니다.

막연한 것을 구체화하는 방법으로 그 실체를 확인하는 방법만큼 확실한 것이 없기 때문입니다. 그들을 통해 시니어 창업 성공의 어려움은 과연 무엇인지 이를 해결할 수 있는 방법, 솔루션이 제시되어야 할 것입니다. 많은 시행착오가 있을 것입니다. 단번에 성과가 난다면 그게 더 이상한 일이지요.

어쨌든 시니어 창업에 대한 논의가 활성화되면서 노인들이 하는 일은 한 달에 20만 원 공공근로나, 아파트 경비, 청소라는 노인과 일자리에 대한 고정관념이 깨어지는 계기가 되고, 노인들의 활동영역이 다양해지면서 노인의 가능성을 시험해 볼 수 있는 기회를 통해 노인의 위상 또한 변화될 수 있으리라 생각합니다.

또한 시니어들을 대상으로 한 변화된 세상의 이해에 대한 현실적인 교육이 절대적으로 부족했던 현 상황에서 시니어 맞춤형 교육 프로그램이 시작된다는 것만으로도 획기적인 변화라고 생각합니다.

'나이 들어서 배워서 뭘 해.' 하는 고정관념이 깨어지고, 이를 통해 노년의 문화는 한층 업그레이드되리라 믿습니다. 과거지향적인 노년의 특성을 벗고 미래지향적인 노년으로의 변화를 통해 세대소통 또한 원활해지겠지요. 고령사회 사회의 짐이 될 수 있는 노인들이 사회의 힘이 될 수 있는 전기가 마련되기를 바라봅니다.

저출산 고령화 사회를 어떻게 극복하지?

"'저출산과 고령화 사회를 극복합시다.' 출근길 상암초등학교 앞에 붙어 있는 플래카드입지요. 저출산은 그렇다 치더라도 고령화를 어떻게 극복하자는 건지 차암~ 또 9/3 ~ 9/6 고양시 킨텍스 전시장에서 시니어 장애인 엑스포를 한다는데 노인 문제의 심각성을 느끼게 하는 대목이구먼."

지인께서 이런 글을 보내주셨습니다. 제가 이 글을 읽으면서 처음엔 배꼽을 쥐고 웃었습니다. 하지만 다음 순간 반성도 하게 되고, 제가 하는 일을 알고 이런 글과 생각을 챙겨 보내주신 게 고맙기도 하였습니다. 배꼽을 쥐고 웃은 이유는 정말 저 슬로건을 본 사람들이 과연 무슨 생각을 할 것인가 하는 것 때문이었습니다. 정말 우리 사고의 범위 내에서 저출산은 그렇다 치고, 고령화를 어떻게 극복할 수 있을까요? 여러분들에겐 어떤 답이 준비되어 있나요? '문제? 그럼 극복해야지.' 하는 그야말로 아무 가치 없는 슬로건이 아닌지요.

'저출산 고령화' 세트로 붙어 다니는 말은 귀가 따갑게, 눈이 짓무르게 보고 들은 말입니다. 그 저출산 고령화를 어떻게 극복할 것인지가 슬로건의 내용이 되어야 하지 않을까요? 저출산 고령화 '극복해야' 할 문제임은 이미 알고 있습니다. 지금쯤이면 정부도 이 문제의 심각성을 직시하고 어떻게 극복할 것인지 그 방법론을 슬로건으로 제시해야지요.

'무슨 일이 있어도 건강을 소홀히 해서 늙기 전에 죽자'든지 '무조건 많이 낳자'든지…. 그래야 사람들이 뭔가 '할 수' 있지 않을까요? 귀가 따갑도록 알려주었으니 극복하는 방법은 각자 알아서 하라는 것인 듯합니다.

그런데 나이 든 사람들, 나이 들어가는 사람들의 화두는 온통 건강입니다. 고령화를 극복하기 위해 열심인 게 아니라 고령화를 부채질하는 데 열심입니다. 이렇게 해서 점점 건강하고 열정적인 노년층이 급격히 늘고 있습니다. 어쩌면 이 젊은 노인들이 저출산의 해법이 아닐지요! 앞서 고령사회를 극복하는 선진국들의 방법론 또한 이것인 듯합니다. 한가위 풍요로운 명절 되시기 바랍니다.

4차원으로 바라보는 고령사회

10여 년 전 캐나다로 투자 이민을 떠난 지인이 이런 말을 합니다. 아이들 교육 때문에 '지금이 기회다!' 하고 유연해진 캐나다 이민 제도를 이용해 주저 없이 한국을 떠났는데, 발등의 불이 된 '저출산 고령화'라는 우리나라의 상황을 보니, 자신이 캐나다로 선뜻 갈 수 있던 배경에는 외국의 젊은 노동력을 유입하고, 돈까지 자국으로 끌어들이는 고령사회에 대비한 캐나다의 이민 전략이 있었음을 이제야 깨닫게 되었노라고.

이와는 다른 경우로 인구 고령화로 인한 걱정은 없지만, 개발 도상에 있는 나라들은 잘사는 나라의 여유로운 노인들을 자국에 유치하여 그들이 돈을 쓰도록 하는 또 다른 전략을 펼치고 있습니다.

일례로, 필리핀은 은퇴청이라는 전담기관을 두고 일본, 한국 등의 부유한 노인들이 필리핀에서 장기간 머물 수 있는 프로그램을 만들어 적극적으로 그들을 공략하고 있습니다.

이처럼 고령화라는 자국의, 혹은 세상의 변화를 단순히 '위기'로 규정짓지 않고 적극적인 기회로 활용하며 또 다른 미래를 열어가고 있습니다. 저출산을 고출산으로 전환하여 고령화를 늦춘다는 단선적인 발상으로 해법은 절대 찾아지지 않을 것 같습니다.

오랜 불임부부가 아기 낳기를 포기하자 신기하게 임신이 되었다는 기적 아닌 기적처럼 저출산을 꼭 해결해야 할 문제로 접근하기보다 새로운 변화로 인정하는 유연함을 통해 오히려 다양한 해법들을 찾아낼 수 있지 않을까 캐나다의 사례를 보면서 생각하게 됩니다.

며칠 전 신문을 보니, 일본에서는 지자체들이 자국의 실버 세대를 지역에 유치하기 위한 마케팅에 한창이라고 합니다. 대도시에서 이주해온 노인 가구가 주택 구입은 물론 의료, 생활 전반에 걸쳐 돈을 지출하기 때문에 지역 경제에 도움이 되기 때문이라고 합니다. 해외에서 자국의 노인을 고객으로 바라보는 것을 보며 뒤늦게 깨달은 건 아닐까 싶기도 합니다.

일전에 어느 지자체 행사에 참석했을 때 도시의 노인들을 지역에 유치하는 것에 관한 의견을 묻자 노인하면 병원밖에 떠오르지 않는 상상력의 벽 때문에 난색을 표하던 모습이 떠오릅니다. 변화를 눈치채지 못하고, 변화를 인정하지 않는 닫힌 생각으로는 미래의 문을 열 수 없습니다.

82세 노(老)티즌의 도발

　며칠 전, 케이블 TV 방송에 출연한 김동길 교수의 모습을 보았습니다. 택시 안에 게스트를 초청하여 진행하는 독특한 토크쇼였습니다. '이게 뭡니까?'라는 당대의 유행어를 만들어내기도 한 그도 이제 80세가 넘은 노인이 되었네요. 옛날 나비넥타이를 맨 멋쟁이의 모습이 여전합니다.

　대화 내용을 자세히 듣지는 못했지만, 진정성이 담긴 노인의 말은 시대감이 떨어진 이야기일지 몰라도 그 진정성만으로도 진행자들의 눈시울을 붉히게 했습니다. 코믹한 진행자들의 재기발랄한 진행에 노(老) 투사의 굳은 얼굴에도 웃음이 번졌습니다.

　서로에게 부족한 것들이 교류됩니다. 젊은이는 노인의 어제이고, 노인은 그들의 미래인 TV는 어느새 인생 교과서가 됩니다. 현재 김동길 교수는 인터넷 그의 홈페이지에 이명박 대통령에게 보내는 편지 형식의 글을 연재하고 있습니다.

　얼마 전 전직 대통령과 관련한 민감한 글로 인해 네티즌들에게 치매 걸린 노인이란 과격한 표현까지 들으며 논쟁에 휩싸이기도 했습니다. 네티즌들의 과격한 댓글에 그는 "내가 바지에 똥이라도 쌌다는 말입니까?"

라는 자조적인 표현까지 하게 됩니다. 결국, 그런 강렬한 표현이 있었기에 그의 글이 수면 위로 떠오르는 계기가 되었지요.

어쨌든 온라인상에서 노소가 만났습니다. 멋진 출발입니다. 82세 노옹이 그들만의 리그에 발을 디뎠습니다. 그것이 계기가 되어 잊혀가던 그가 TV 출연까지 할 수 있게 되었던 것은 아니었을까 싶습니다.

그의 말의 시시비비를 떠나 먼저, 82세 노티즌의 열정에 박수를 보내야 하지 않을까요? 노인의 생각을 현재의 관점으로 재단하며 시비를 따지는 것은 답이 없는 소모적인 시간 낭비입니다. 다양한 의견은 존중되어야 합니다. 일본에서는 90세가 넘은 히노하라 박사가 노익장을 과시하며 TV 속에 나와 젊은이에게는 미래를, 노년에는 희망을 보여 주고 있습니다.

우리는 이게 뭡니까? 먼저 노옹의 500통이 넘는 편지에 이명박 대통령이 한 번쯤 답장은 해야 하는 것 아닌가요? 문화는 위에서 아래로 흐릅니다.

50대 고령자, 동의하시나요?

　신문을 읽다 보면 '50대 고령자'라는 표현이 다반사입니다. 정부에서 펼치는 장년층을 대상으로 하는 캠페인, 사업, 정책 등에도 영락없이 '50대 이상 고령자'라고 표현합니다. 고령자 취업 알선, 고령자 창업 과정 고령친화산업….

　저령자, 중령자란 표현은 없고, 고령자란 표현만 사용됩니다. '고령자'가 단순히 나이를 구분 짓기 위한 기준이 아닌, 어떤 대상을 지칭하기 위한 표현으로 정착했음을 짐작할 수 있습니다.

　'고령자' 하면 어떤 이미지가 떠오르시나요? 분명한 것은 '활동적인' 모습을 떠올리는 분은 없을 것이라는 사실입니다. 50, 60대는 분명 젊지 않은 나이입니다. 그렇다고 모든 도전을 포기할 정도로 많은 나이 또한 아닙니다.

　제가 참 겁 없이 '시니어 라이프 디자인'이라는 개념을 내걸고 있습니다. 시니어, '호박에 줄 긋는다고 수박이 되나?' '노인이면 노인이지, 시니어라 부른다고 뭐가 얼마나 달라지겠어?', '시니어 라이프, 노인의 삶, 생활…. 건강이나 챙기다가 자식들에 짐 안 지우게 살다 가는 거지.', '뭘 특

별한 생활이 있어?'

　시니어 라이프 디자인, 디자인은 desire + sign이라 해석하기도 하더군요. 원하는 것을 표현해내는 것이 디자인이라는 것이지요. '시니어가 아닌 사람이 어떻게 시니어가 원하는 것을 표현할 수 있어?', '네가 게 맛을 알아?' 시니어 라이프 디자인은 제게 버거운 도전입니다. 하지만 여기서 멈출 수 없는 까닭은 저도 곧 고령자 대열에 합류하기 때문입니다. 저는 50대에 고령자란 칭호를 절대 받아들일 수 없기 때문입니다.

　앞으로 고령자 고용촉진법에서 55세 이상인 사람을 의미했던 '고령자' 명칭이 장년으로 변경된다.

　2016년, 현행 고령자고용촉진법은 50세 이상 55세 미만인 사람을 '준고령자', 55세 이상인 사람을 '고령자'로 명시하고 있다.

　앞으로는 55세 이상인 사람을 모두 장년으로 통칭하고, 거의 사용되지 않는 준고령자 명칭은 삭제하기로 했다.

<경향신문, 2016.12.27>

늙기도 설워라커늘, 차에까지 표시를 하라니요?

　경기도에서 '노인이 행복한 교통 만들기'의 일환으로 추진하는 65세 이상 노인 운전자를 위해 차량용 실버마크를 만들었습니다. 교통사고 취약 계층인 어르신들이 운전하는 차량을 발견하면 추월이나 난폭운전을 자제하고 배려와 양보를 해달라는 의미라고 합니다. 좋은 취지를 담고 있는 캠페인임에 분명합니다.

　지팡이를 마주 보게 하여 하트모양을 만든 이미지가 재미있습니다. '노인' 하면 지팡이를 떠올리는 것이 우리들의 고정관념입니다. 하지만 실제 지팡이를 사용할 정도의 거동이 불편한 어르신이 운전하실까? 하는 의문은 저만의 생각일까요?

　운전이 서툰 아줌마가 복잡한 도로에 나서면 뭇사람들의 힐난의 눈초리를 감수해야 했습니다. '여자가?', '일없이…'라는 의미가 숨어있었겠지요. 그리고 그리 오래지 않은 현재, 여성용 자동차가 출시되는 세상을 살고 있습니다.

　'이제 노인이?'라는 시선을 감수하며 운전을 하는 노년층이 급격히 늘고 있습니다. 경제력을 갖춘 활동적인 노년층이 많아졌다는 얘기지요.

그리고 고령사회로 진입하며 노년 운전자는 앞으로 점점 더 많아질 것입니다. 앞선 선진국에서 들려오는 소식에 따르면 노인들이 선호하는 차는 스포츠카라고 합니다. 스포츠카를 타는 노인에게 저 스티커를 보여 주면 어떤 표정을 지을까요?

60대 후반의 유트리 회원분께 넌지시 여쭤보았습니다. 실버마크가 나왔는데 선생님 차에 부착하시겠냐고요. "누가 저런 걸 붙여? 우리가 뭐 애들인지 아나~" 라고 말씀하시더군요.

고령사회로 다가갈수록 생각지 못했던 다양한 노년의 문제들이 쏟아져 나올 것입니다. 다양한 해결책들이 고민되고, 시도되어야 합니다. 하지만 실버마크라 하여 그것도 노년을 지팡이로 상징화하면서 배려를 하라는 발상은 조금은 시대착오적이지 않나 하는 생각이 듭니다.

장애인마크는 주차 우선의 혜택이 있어 비장애인의 경우도 갖고 싶어하는 마크라고 합니다. 아무런 혜택 없는 실버마크는 '운전 서툰 노인네'라는 주홍글씨만 새겨주는 것이 아닐지요.

이런 빅씽크(Big Think)는 어떨까요? 아이, 임산부, 고령 운전자 등 배려가 필요한 운전자, 탑승객에 대한 기준을 세우고 포괄적인 '에스코트 마크' 혹은 '하트 마크'를 배포하는 것이지요.

가뜩이나 늙기도 설워라커늘, 차에까지 표시를 하라니요.

드라마틱 가족계획 50년

1961년 '알맞게 낳아서 훌륭하게 키우자'는 출산율을 억제하기 위한 가족계획 캠페인이 출발했습니다. '덮어놓고 낳다 보면 거지꼴을 못 면한다.', '잘 키운 딸 하나 열 아들 안 부럽다.', '둘도 많다. 하나 낳고 알뜰살뜰', '엄마 건강 아기 건강 적게 낳아 밝은 생활' 1990년까지 30년 동안 출산을 억제하기 위한 표어는 계속되었습니다.

그리고 14년 후인 2004년 '아빠! 하나는 싫어요. 엄마! 저도 동생을 갖고 싶어요'라는 출산을 장려하는 캠페인이 시작되었습니다. 우리 사회의 격변을 40년 동안의 가족계획 캠페인 속에서도 고스란히 발견할 수 있습니다. 대한민국에서 어느 시기, 어떤 연령대로 살았는지에 따라 우리의 삶은 그때 캠페인의 영향을 받습니다.

1980년 '잘 기운 딸 하나, 열 아들 안 부럽다.' 1986년 '하나로 만족합니다. 우리는 외동딸'이란 표어를 통해 현재 여성 파워의 단초를 발견한다면 너무 비약이 심한가요? 우리의 현재는 우리의 지나온 날의 결과입니다.

1990년 마지막 출산장려 캠페인이 발표되고, 2004년, 출산 독려 캠페인이 만들어지기까지 10여 년 동안이 아마도 가족계획에 관한 정체성이

혼들리던 시기였을 듯합니다. '아이는 적게 낳아야 한다.'를 답으로 알고 살아온 사람들에게 눈앞에 보이는, 저출산의 징조들, 위협적인 통계들은 발붙일 자리가 없었을 것입니다. 그리고 어느 날 눈떠보니, 이미 되돌릴 수 없이 출생률은 줄어 있었고, 그 결과 초고속 고령사회 진입이라는 어리둥절한 상황까지 직면했습니다.

아직도 많은 사람들이 고령사회를 실감하지 못하는 것은, 너무도 당연합니다. 어떠한 예시도 예고도 없었으니까요. 현재 아프리카에서 우리나라의 출산율 억제정책을 벤치마킹하러 온다고 합니다. 동남아시아 국가들은 다가올 미래, 그리고 그 이후까지를 예견하고 저출산정책을 벤치마킹하러 온다고 하네요.

요즈음 세상의 변화를 보면 현재와 과거, 미래가 중첩되어 있는 듯합니다. 어느 나라는 우리의 얼마 후 미래를 보여 주기도 하고, 어떤 나라는 우리의 10년 전 모습을 그대로 재현하고 있기도 합니다. 그래서 지금부터 '요이~땅!' 하는 앞으로 세상의 변화가 더욱 궁금하고 흥미롭습니다.

우리가 지나온 길이 누군가에게는 실수를 되풀이하지 않을, 혹은 역사의 발전을 끌어당길 수 있는 상품일 수 있습니다. 우리에게 또한 어떤 나라의 지나간 길이 배움의 기회일 수 있습니다. 멈춰 서 있으면 뒤로 가는 빠른 속도의 세상입니다.

하마터면 빼앗길 뻔했던 봄! 50대 고령자 안녕~

내년이면 저도 준고령자의 대열에 합류할 뻔했습니다. 무슨 소리냐고요? 고용노동부 기준 50~55세는 준고령자, 55세 이상은 고령자라 칭하던 것이 이제까지 50대 이상을 지칭하는 공식 용어였습니다. 50세가 넘은 이들은 고용노동부 기준 공식적인 고령자인 것이지요.

그런데 이르면 내년부터 50~65세를 장년이라 칭하고, 65세 이상이라도 취업하고 있거나, 구직의사가 있는 한 장년이라 칭한다고 하네요. 저도 내년이면 50대에 들어서는데 고령자가 될 뻔했지 뭔가요. 만약 법이 내년부터 시행되지 않아 살짝 고령자에 발을 담갔다 빼게 되는 것까지는 봐줄 아량이 있습니다.

제가 예전 시니어통에 올렸던 글(시니어통 제77호)에 '50대 고령자, 동의하시나요?'라는 글이 있었지요. 글 중에 이런 대목이 있었습니다.

"시니어가 아닌 사람이 어떻게 시니어가 원하는 것을 표현할 수 있어?! 네가 게 맛을 알아? 시니어 라이프 디자인은 제게 버거운 도전입니다. 하지만 여기서 멈출 수 없는 까닭은 저도 곧 고령자 대열에 합류하기 때문입니다. 저는 50대에 고령자란 칭호를 절대 받아들일 수 없겠기 때문입니다."

지금 읽고 보니 흐뭇하네요. 우리들의 열망이 모여 이런 변화들을 이끌어내는 것이 아닌가 싶습니다. '50대 고령자에 동의할 수 없다. 난 50대 고령자가 되지 않겠다.' 꿈을 꾸니까 이루어지잖아요. ^^

어찌 보면 좀 더 일찍 변했어야 할 용어였지만, 이제라도 참 다행입니다. '50대 고령자'라는 용어는 이제 아무도 동의하지 않아 사라지게 됩니다. 혹여라도 여러분들 마음속에 50대 고령자가 자라고 있던 것은 아니겠죠?

'55세 이상 고령자 일자리 창출'이란 뭔가 설득력이 떨어지는 문구도 이제 사라지겠지요. 정부에서 추진한 고령친화산업 또한 어찌 보면 '50+ 산업'을 의미한 것인 듯합니다. 현실과의 눈높이 맞추기가 시작되고 있으니 알아듣는 사람도 많아지고, 그러다 보면 변화는 더 빨라지는 거죠.

다 차치하고, 당혹스럽게 고령자로 넘어가지 않게 되어 안도의 숨을 쉬게 됩니다. 무엇이라 불리느냐에 따라 우리 마음은 봄이었다, 겨울이었다 하잖아요. 얼마 전 저 기사를 보면서 빼앗길 뻔한 봄을 되찾은 듯 흐뭇했답니다.

'성공 인생 2막' OK~!

　공무원연금관리공단에서 주관하는 퇴직을 앞둔 50, 60대분들을 대상으로 하는 '미래설계' 교육, 경기여성능력개발센터에서 진행하는 경력단절 여성을 위한 직업 교육, 연이틀, 전혀 다른 대상을 향해 시니어 라이프 디자인 교육을 진행했습니다.

　같은 맥락의 말이지만 듣는 대상층에 따라 받아들이는 느낌이 엄청나게 다르다는 것을 실감했습니다. 좀 더 대상층에 대한 심도있는 공부가 필요하다는 반성도 해보는 시간이었습니다. 또한 인생 1막의 경험이 유사한 분들 중 성공적인 인생 2막 사례를 발굴하여 인생 2막 라이프 코치를 육성하는 일도 시급하다는 생각을 다시금 하게 됩니다.

　제가 더욱 집중해야 할 일은 인생 2막 성공사례를 발굴하고, 지원하는 일일 것입니다. 그분들의 사례 자체가 가장 좋은 인생 2막 설계도이니까요. 이 지점에서 다시금 '성공적인 인생 2막이란 무엇일까?'에 대한 질문도 던지게 됩니다. 저는 과연 성공적인 '인생 2막'을 준비하고 있는가? 스스로에게도 묻게 됩니다.

　하지만, 너무 무겁고 심각한 고민은 Stop! 일단은 '인생 2막'과 어떤 의

미건 '성공'이란 말을 연결시킬 수 있게 되었다는 것. 그리고 그런 말을 하는 제가 공적인 공간에서 다양한 분들을 대상으로 강의하는 자리가 점점 늘어나고 있다는 것만으로도 엄청난 '진일보'임에 분명합니다.

처음 시작할 때에 비한다면 상전벽해의 변화입니다. 우리가 때로 실망하고 좌절하는 이유는 지난 시간을 잊기 때문이 아닌가 싶습니다. 그래서 초심으로 돌아가라는 얘기를 하는 것이겠지요.

시니어, 성공적인 인생 2막, 이 말이 필요 없는 당연지사가 되고, '뒷방노인'이란 말은 오래된 사전에서나 찾아볼 수 있는 그 날을 향하여 '으라차차'입니다. 믿음은 현실이 됩니다. '인생 2막 설계' 코웃음을 치는 분과 믿고 준비하는 분 그분들의 내일은 천지 차이일 수밖에 없습니다.

사회적 활동을 하시는 분들은 나이가 들수록 더 젊어진다는 것을 저는 수시로 목격하고 있습니다. 그리고 씨앗을 뿌리는 분들은 반드시 결실을 맺는 모습도 확인하고 있습니다. 그분들 덕분에 저의 확신은 더욱 견고해질 수 있는 것입니다.

하루 종일 우두커니 TV를 보는 것이 유일한 활동인 뒷방노인의 삶~ 과연 운명일까요? 선택일까요? 그리고 머지않은 미래, 그것을 노년의 숙명이라 말한다면 누추한 변명처럼 들리지 않을까요?

'인생 2막' 어떻게 밑그림을 그리고 계신지요?

교류와 학습, 시니어 문화가 시작됩니다

유월도 벌써 중순을 넘어섰습니다. 기후 변화로 인한 것인지 몹시도 덥습니다. 더위에 지치지 마시고, 늘어졌던 주변이 화들짝 얼어붙게 파이팅을 외쳐보세요~! 썰렁하셨다면 다행입니다. ^^

6월 13일, 장년창업센터에서 열린 시니어넷 커뮤니티 지원사업 안내 세미나는 여러분들의 열띤 참여 속에 잘 치렀답니다. 무엇보다 중기청, 소상공인진흥원에서 새롭게 준비하고 있는 따끈따끈한 시니어 정책 정보도 들을 수 있었던 것이 참여하신 분들께 아주 유익하지 않았나 싶습니다.

지난해와 올해의 달라진 커뮤니티 지원사업에 대한 안내에 이어 실제 커뮤니티 지원사업을 활용하고 계신 3개 그룹의 그룹장들이 상세한 활용 안내를 해주셨습니다. 커뮤니티 지원사업이 3년째 되고 보니, 자리를 잡아가고 있다는 것을 실감하게 됩니다.

무엇보다 정책에 대한 여러분들의 마음의 장벽이 허물어지는 것을 목격합니다. 또한 첫해 정책을 활용하시면서 답답함을 느끼셔서 먼발치로 거리를 두셨던 분들도 다시금 관심을 두시네요. 바야흐로 정책이 무르익어 가는 그런 시점이라고 생각됩니다.

시니어넷 커뮤니티 지원사업은 그야말로 시니어 분들의 자발적이고 주도적인 모임을 지원하는 새로운 정책입니다. 이전까지 시니어들에게 과연 문화가 있었을까요?

지식을 공유하는 문화, 학습하는 문화는 안타깝게도 찾아볼 수 없었습니다. 남자분들은 할 얘기가 없다는 얘기들을 많이 하십니다. 얘기도 해본 사람이 할 수 있고, 공부도 해본 사람이 할 수 있습니다. 그러나 원래부터 그렇게 타고난 사람은 많지 않습니다. 지금 시작해도 늦지 않습니다.

정부에서 바로 지금 시작해도 늦지 않은 시니어들의 대견한 늦공부를 지원하는 것입니다. 늦공부가 터지고 나면 참 놀랄만한 일들이 많이 벌어집니다. 대박을 말하던 수많은 분들은 왔다가 바람처럼 사라졌습니다.

소박하게 한 계단 한 계단 변화에 적응해가는 분들은 이제 성큼 성장하는 단계에 도달했음을 주변에서 많이 목격합니다. 그분들은 그야말로 스스로에게도 놀라는 시니어의 가능성을 확인하고 계십니다. 앞으로 이분들이 해야 할 일은 무궁무진할 것입니다. 세미나를 준비하고, 진행하며 참 많은 변화가 있었음을 실감합니다.

시니어 관련한 정책들이 생겨난 결과로 온라인과 오프라인이 연계되고, 확장되고 있습니다. 이제 더 많은 변화들이 생겨날 수 있는 기초 도로가 닦여진 것입니다. 지금, 그 도로 위에 계신가요? '결심'만으로는 변화를 만들어낼 수 없다고 합니다. 다른 사람을 만나고, 다른 모임 속에 속하고, 다른 책을 읽게 될 때 그때 비로소 변화가 시작된다고 합니다.

여러분들의 멋진 시니어 라이프를 응원합니다!

멈추지 말고, 다시 시작하라!

'경력단절여성'이란 용어 들어 보셨나요? 25~54세 연령대의 여성 중 육아, 결혼 등으로 인해 사회경력이 단절된 여성을 칭하는 용어라고 합니다. 하지만 40대 이상 여성들의 경우 결혼과 함께 사회와의 결별을 너무도 정해진 수순처럼 생각했을 터인데, 이제 와서 현모양처라는 타이틀 대신 자신도 모르게 경력이 단절된 여성으로 보이는 현실을 받아들이기는 쉽지 않은 듯합니다. 보고 자란 것, 배운 것과 너무도 다르게 변해 있는 세상, 그야말로 200년의 변화를 50년 동안 압축해버린 대한민국에 태어났으니 감수해야 할, 그러나 감당하기는 힘든 현실인 듯합니다.

하지만 돌아보면 어느 시대의 삶이건 삶이 평온한 것이기만 했을까요. 으라차차~ 이 시대를 혼자만 사는 것도 아닌걸, 징징대기를 멈추고 열심히 시대와 호흡을 같이할 수밖에요.

한 켠으로 생각하면, 어느 시대를 선택해서 살 수 있는 것도 아닌데 그야말로 드라마틱한 세기에 태어나 어느 시대에 태어난 이도 경험해 보지 못했던 인류의 엄청난 진화의 흐름을 함께한다는 자부심을 가져도 좋을 듯합니다.

'경력단절여성'이란 용어가 나오게 된 배경, '시니어 창업'이란 용어가 나오게 된 배경에는 '느닷없는' 인구 고령화가 있지 않나 싶습니다. 경력이 단절된 사람이니 경력을 복귀해야 할 의무가 있고, 취업은 어려우니 창업이라도 해서 사회로 다시 복귀해야 할 의무가 있는 것이 지금 나이 들어가고 있는 이들에 부과된 미션입니다.

'멈추지 말고, 다시 활동하라~!', '독립적인 노년을 준비하라!'는 시대적인 요구입니다. 하지만 아직 많은 개인들은 피부로 실감하지 못하는 듯합니다. 현실에 밀려 사회로 뛰어든 이들 또한 언젠가는 '현모양처'라는 원래 제자리로 돌아가야 한다는 생각에 지금 이 자리에 집중하지 못하고 서성이는 듯합니다.

시간과 함께 이제 돌아갈 자리가 없음을 알게 되겠지요. 이제 우리가 알아왔던 역할, 있어야 할 곳에 대한 모든 것이 송두리째 변화하고 있습니다. 내년에는 좀 더 변화를 인지하고 지금의 현실을 직시하며 좀 더 나은 내일을 설계하는 시간이었으면 합니다.

다행인 것은 불행하게도 경력이 이어진 여성들이 몰랐던 자신을 발견하게 된 기쁨에 대해 얘기한다는 것입니다. 묻혀버릴지도 몰랐던 여성들만의 귀중한 가치, 그것을 캐내는 것, 그것이 고령사회 희망을 만들어가는 키워드가 아닌가 생각합니다.

올 한 해는, 태어나서 처음 해보는 경험들이 참 많았습니다. 제가 보아온 어느 교과서에서도 나오지 않았던 문제와 답을 스스로 헤쳐내며 지내고 보니 몰랐던 것이 너무도 많았다는 사실을 새삼 알게 됩니다.

모르는 것은 부끄러운 것이 아닙니다. 해보지 않고 알게 되는 것은 없다는 새삼스런 깨달음도 얻었습니다. 늘 배우고, 새로워지고, 성장한 만큼 기회가 열리는 것이라 생각합니다.

올 한 해, 위태로운 제 발걸음을 붙잡아주신 많은 분들께 깊이 감사드

럽니다. 내년에는 함께 좀 더 집중하여 인생 2막 행복설계, 고령사회 희
망디자인이라는 큰 꿈을 향해 달리겠습니다.

'시니어플래너'들 어디서 무엇을 할까?

2010년 시니어 창업스쿨 과정에서 '시니어플래너' 양성 과정을 진행했었습니다. 지나고 나니 그 또한 하나의 과정이었음을 알게 됩니다. 이번에 좀 더 업그레이드한, 선택의 폭이 넓은 교육프로그램을 만들었습니다. 제가 2010년 시니어플래너 과정을 중기청 사업으로 진행하게 된 데는 여러분들의 부추김(?)이 있었습니다. 늘 곧이곧대로인 저에게 도전의 용기를 내도록 해주신 분들이 계셔서 진행할 수 있었던 것이지요.

중기청 사업으로 시니어들의 준비된 창업을 위해 마련된 시니어 창업스쿨 '시니어플래너' 과정은 인생 2막 준비 과정이라 시니어 창업과는 목적 자체가 맞지 않습니다. 꼭 필요한 과정이라는 확신은 있었지만, '돈' 버는 과정이 아닌, 교육에 누가 관심을 가질까 하는 염려가 되는 과정이지요. 곁에 분들이 그렇게 오래 준비했는데 창업스쿨 과정에 넣으라는 것이었습니다.

창업, 창직 무엇을 하던 인생 2막의 무대를 인지하는 것이 먼저라 생각하는 저였기에 창업 과정에 선행하는 것이 시니어플래너 과정이라 생각합니다. 인생 2막의 개념이 없이는 성공적인 창업도, 시니어 라이프도 존재하지 않는다는 믿음 때문입니다. 또한 이제껏 알고 있던 지식, 정보, 방향성으로 지금의 현실에서 성공 가능한 창업 모델을 찾아낼 수도 없습니다.

그렇게 우여곡절 끝에 과정은 시작되었고, 많은 과정들이 학생 모집의 어려움을 겪는데도 불구하고 큰 어려움 없이 학생 모집을 할 수 있었습니다. 저 자신 또한 놀라운 일이었습니다. '시니어플래너' 과정에 공감하는 앞선 리더 분들이 과정에 참여하였습니다.

2번의 과정을 진행한 후 시니어 창업스쿨이 목적하는 창업 성과는 낼수 없다고 생각되어 2년 동안은 교육을 진행하지 않았습니다. '인생 2막 안내, 변화 교육만으로는 부족하다.' '실질적인 삶의 도구를 찾아내야 한다.'고 생각했기 때문입니다. 2년여의 시간이 흐르는 동안 저도 조금 더 눈을 뜨게 되었고, 환경 변화도 놀랍습니다.

새로운 분야에서 괄목할 성과를 만들어내고 있는 검증된 분들과 함께 협동창업이라는 개념의 교육을 설계했습니다. 기대해 주시고요. ^^

새로운 교육 과정 설계에 앞서 2년 전 '시니어플래너' 과정을 공부하셨던 분들의 추적 조사를 진행해 봤습니다. 과연 제가 교육에 담았던 뜻한 바가 어떤 결과를 만들고 있는지 궁금했기 때문입니다. 40명의 교육생 중 임의로 10분에게 연락을 취해봤습니다.

결과는 어땠을까요? 제 의도보다 더 멋진 삶의 길을 만들어내고 계셨습니다. 그분들의 이야기 속에 '인생 2막'에 대한 많은 답이 숨어있었습니다. 뿌려진 씨앗들이 저마다 싹을 틔우고 있습니다. 그 이야기들을 이제 하나하나 여러분들에게 펼쳐 보여드리려고 합니다. '시니어플래너' 이제부터 진짜 시작입니다.

'희망정책' 홈페이지를 오픈합니다

　며칠 전 비 오던 날, 단풍이 어찌나 아름답던지요. 사방 눈길 가는 데마다 황홀한 아름다움이 지천인 가을날입니다. 초록색이라 매한가지인 줄만 알았던 잎사귀들이 어찌 저런 다채로운 색깔을 감춰두고 있었는지 신비롭기만 하네요. 청춘은 오히려 눈부신 푸르름으로 한 모습이지만, 청춘을 지내온 시니어 분들은 가을날 단풍처럼 오색찬란하지 않을까 하는 생각도 문득 해봅니다.

　저는 요즈음 정말 바쁘게 보내고 있습니다. 말보다 여러분들과 선명하게 공유할 수 있는 무엇이 필요하다는 생각에 놀라운 몰입의 시간을 보내고 있습니다. 외부에서의 새로운 요청들도 늘어나 몸이 열 개라도 부족한 상황입니다. 정말 신나게 할 수 있는 일들이 너무나 많은데 혼자서는 도저히 할 수 없는 방대한 영역입니다.

　'리봄학교(www.rebomschool.co.kr)'의 문을 여니 많은 분들이 축하의 덕담을 보내주셨고, 또한 다양한 분들이 교육을 제안해 주십니다. 그분들과 함께 논의하고, 여러분과 공유하며 다양한 시니어교육 콘텐츠를 만들고자 합니다.

시니어가 만든 시니어 콘텐츠, 생각만 해도 멋진 일이 아닌가요? 이제 시니어 분들이 스스로가 필요한 것을 말하기 시작했습니다. 강남스타일이 세계로 퍼져나가는 저력을 발휘하듯 대한민국 '시니어스타일'도 그런 저력이 있다고 저는 믿습니다.

젊은 세대에게 멋진 롤모델이 될 수 있는 시니어스타일, 지금부터 만들어갈 적기입니다.

이런 생각들로 저의 발걸음은 늘 구름 위를 걷는 듯합니다. '리봄교육' 10월 15일, 홈페이지 오픈에 이어 오늘, '희망정책' 홈페이지를 오픈합니다. 희망정책 홈페이지는 시니어와 정책의 소통 역할을 하고자 만들어졌습니다. 거의 정부 모든 부처에서 시니어정책이 만들어지지만 정작 시니어 분들은 잘 알지 못하고 있는 것이 현실입니다.

이제 저 혼자 모니터링하기도 벅찰 정도로 많은 정책이 쏟아져 나오고 있습니다. 정책을 시니어들에게 알리는 역할, 그리고 시니어의 소리를 정책에 전달하는 역할은 더 이상 뒤로 미룰 수 없는, 당면한 과제입니다.

요즈음 시니어뿐만 아니라, 시니어 관련 단체들로부터 많은 전화 문의를 받고 있습니다. 우선, 지면을 통해서 여러분들의 관심과 격려에 깊이 감사드립니다. 향후 '시니어 일과 삶 연구소'의 방향성을 공유하는 '리봄의 프로포즈' 10번째 세미나를 11월 중 개최할 예정입니다. 조금만 기다려 주세요.

100세 시대, 온라인에서 물꼬를 열다

편하고, 안정된 노인 일자리 창출?!

관련 기관의 예측에 따르면 2029년, 경기도는 도민의 20% 이상이 65세 이상인 초고령사회에 진입할 것이라 합니다. 하지만 노인 일자리 창출은 가장 저조한 실적이라는 기사와 함께 경기도의 복지정책과 관계자의 다음과 같은 코멘트가 실려 있습니다.

"노인 일자리 박람회를 추진할 것이며, 실버인력뱅크, 시니어클럽 등 민간기업과 연계해 노인들이 편하고 안정된 직업을 찾을 수 있도록 노력하고 있다."

'편하고 안정된 직업'이란 글자에 눈길이 멈췄습니다. 그리고 동시에 아침 출근길에 마주친 이해할 수 없던 광경이 떠올랐습니다. 8차선대로의 신호등이 버젓이 있는 횡단보도에서 깃발을 들고 교통신호를 보조하는 연로한 어르신들의 피곤하고 무력해 보이는 모습이었습니다. '저분들이 왜 저기에 계실까?' 하는 의문은 저만의 생각인가요? 학교 주변이라든지, 보호가 필요한 아이들이 있는 공간에서 교통 지도 역할을 하시는 것은 이해할 수 있습니다. 신호등 아래 대로에서 그들의 역할은 과연 있기는 한 것일까요? 노인 일자리를 이렇게 만들었노라는 전시 행정의 표본은 아닌지요?

어떤 배경으로 그들이 거기에 서 있는지는 모릅니다. 노인에 대한 예우로 '편하고 안정된 직업'을 제공해야 한다는 우리의 강박관념이 만들어낸 궁여지책의 노인 일자리인지도 모릅니다.

'편하고 안정된 직업' 그런 게 있어 노인들에게 제공할 수 있다면 더할 나위 없겠지요. 하지만 '편하지 않아도' 일자리를 달라는 노인들의 소리는 저만 잘못 듣고 있는 환청일까요?

일본에는 노상의 껌만 전문으로 제거하는 노인 사업단이 있다고 합니다. 길바닥에 검게 들러붙어 도시 미관을 해치는 껌을 보고, 한 시니어 분이 어떻게 좀 편리하게 껌을 제거하는 방법이 없을까를 고민하다가 껌 제거하는 도구를 발명했다고 합니다. 그리고 특허를 받고, 껌 제거 거리 청소로 수익을 내는 사업체를 만들었다고 합니다.

노인을 위한 '편하고 안정된 일자리를 제공하겠다'는 발상은 지속 가능하지 않습니다. 각자 다른 노인들, 그들의 개성을 지원하고, 아이디어를 지원하고, 뭔가 하려는 의지를 가진 노인들이 단지 나이 들었다는 사실만으로 배척하려는 우리의 의식의 변화가 선결되어야 합니다.

점점 노인들이 많아진다고 합니다. 하지만, 점점 많아지는 것은 본인을 노인이라고 절대 생각지 않는 사람들인 것도 같습니다. 50, 60대 젊은 노인들의 에너지를 불쏘시개로 삼아야 하지 않을까요?

100세 시대, 온라인에서 물꼬를 열다

리봄 이야기

'리봄교육' 홈페이지를 오픈합니다

어느새 가을입니다. 수확의 결실을 거두는 농부의 하루가 짧기만 한 날들입니다. 요즈음 제 주변에는 가을날 농부처럼 봄에 뿌린 씨앗의 결실을 거두시는 분들이 많아지셨습니다. 뿌려야 거둘 수 있다는 너무도 당연한 상식을 눈으로 확인하며 흐뭇함이 드는 것은 웬일까요? '뿌리면 거두는 것'이 시니어 또한 예외가 아니기 때문입니다.

100세 시대, 씨앗 뿌리기를 포기한 채 시간을 흘려보낸 분들과 농부의 마음으로 해마다 씨앗 뿌리기를 게을리하지 않은 분들의 삶은 극명하게 차이가 납니다. 만약, 결실을 보지 못한다 해도 날마다 두근거림과 새로운 기대로 아침을 맞을 수 있다는 것만으로도 이미 충분한 보상이 아닐는지요.

저도 요즈음 이런저런 결실을 맺고 있습니다. 무엇보다 가장 큰 결실은 제 생각과 꿈이 틀리지 않았다는 사실을 확인하고 있다는 것입니다. 제 시각으로 볼 때 답답했던 것들이 나름의 이유가 있었음을 알게 되었고, 각자 처해 있는 환경들은 다르지만, 우리 모두 간절하게 변화를 원하고 있다는 것을 확인하고 있습니다.

고령사회라는 미개척지에 많은 생각의 씨앗을 뿌려온 시간입니다. 오래도록 발아하지 않아 죽은 줄만 알았던 씨앗들에서 삐죽이 파란 싹들이 올라오기 시작합니다. 오랜 기다림의 봄이 시작되고 있습니다.

씨앗이 불모의 환경에서도 적응하며 싹을 틔우듯 우리들 생각의 씨앗도 그런 몸살이 필요할 것입니다. 고령사회로 가는 1차 몸살은 끝나가고 있습니다. 이제 본격적인 고령사회로의 진입을 위한 치열한 몸살을 마다치 않을 때입니다.

푸르른 가을날입니다. 오늘 시니어전문교육을 표방하는 '리봄교육 사이트(www.rebom.co.kr)'를 완성했습니다. 100세 시대를 살아가야 하는 시니어들에게 가장 필요한 것은 변화를 알려주는 교육입니다. 시대와 호흡하는 시니어 인재 육성은 고령사회 국가의 화두입니다.

이처럼, 시대적 요구는 증가하는데 시니어교육에 대해 우리 사회는 준비되어 있지 않습니다. 교육을 제공하는 곳들은 시니어 학생을 모집하는 데 어려움을 겪고, 교육을 받은 시니어들은 만족스럽지 못한 교육에 불만이 높습니다.

리봄교육은 제가 오랫동안 구상해온 일입니다. 4일을 몰입하여 사이트를 완성했습니다. 비록 시작은 미약하지만, 이곳이 시니어교육의 새로운 틀을 만들어내는 공간이 될 것을 믿습니다.

많은 시니어분들이 소리를 낼 때, 그 소리를 통해 세상은 변할 것입니다. 리봄교육(www.rebom.co.kr)에 여러분들의 많은 관심과 응원, 참여를 부탁드립니다.

발로 뛰면, '인생 2막'이 선명해집니다

시니어통 제173호를 통해 공지했던 '실버, 시니어 비즈니스와 사회적 기업' 3일 단기 교육 과정에 순식간에 20분이 넘는 분이 수강 신청해 주셨습니다. 적극적인 관심과 참여에 감사드립니다.

'시니어창업', '사회적 기업', '실버마켓', '시니어비즈니스' 모두 미래를 여는 단어들입니다. 저는 '비즈니스와 복지' 그사이에 존재하는 실버, 시니어 비즈니스의 가능성에 대해서 고민해 오던 중 '사회적 기업'이라는 새로운 개념을 만났습니다. 자료를 찾다 보니 우리나라에 '사회적기업진흥원'이 생긴 것이 2007년의 일입니다. '시니어통 뉴스레터'를 발행하기 시작한 것도 2007년의 일입니다. 그때, 미래로 향하는 새로운 변화들이 생겨나는 지점이었던 듯합니다. ^^

'사회적 기업'이란 용어는 아직 많이 낯선 용어입니다. 저 같은 경우 '비즈니스와 복지'의 융합 모델에 대해서 고민하던 차라 사회적 기업에 대해 조금 빠르게 정보를 접할 수 있었습니다. 정보를 접하면, 새 세상이 열리지요.

현재 실버서비스의 가장 성공적인 모델로 손꼽히며 날로 발전하고 있는 재가요양프랜차이즈 ㈜비지팅 엔젤스 코리아도 사회적 기업이었습니다. 영리기업으로서 사회적 기업 인증을 받을 수 있다는 사실도 ㈜비지팅 엔젤스의 사례를 통해 새롭게 알게 되었습니다. 정보를 아는 것과 그 정보를 활용하는 것은 천지 차이입니다.

㈜리봄도 현재 하고 있는 일은 사회적 기업의 요건을 갖추고 있습니다. 사회적 취약계층(55세 이상 시니어)을 대상으로 '정보 제공'이라는 사회 서비스를 하는 것이기 때문입니다. 또한 '인생 2막'을 준비하는 예비 시니어들, 그 외 기업 관련자, 관공서, 기자분들에게 실버산업, 시니어비즈니스에 대한 정보 제공으로 사회적 취약계층에 대한 인식 개선과 시니어, 실버 서비스 활성화에 조금은 기여하고 있기 때문입니다. 조금 자랑이 길어졌나요?

리봄도 차근차근 사회적 기업 절차를 밟아가려 하고 있습니다. 리봄과 이번 교육 과정을 함께 진행하는 사회적 기업 ㈜가치나눔의 사례 또한 여러분들께 좋은 힌트를 줄 것입니다.

이제 시니어통 회원분들과 막연히 미래를 기다리는 것이 아니라, 미래를 함께 만들어가고 싶습니다. 리봄의 오늘과 내일은 회원분들의 깊은 관심과 참여로 가능합니다.

리봄디자이너, 분신술이 시작됩니다

꼭 찬 10월을 보냈습니다. 대외 시니어통 역할로 바빠 정작 '시니어통' 뉴스레터가 소홀했네요. 메일함의 시니어통을 기다려 주신 분들께 죄송한 마음을 전합니다. 시니어통의 10월은 리봄디자이너 인맥교류 과정이란 중대 과업을 수행하는 시간이었습니다.

시니어통을 꾸준히 지켜보시며 만남의 날을 손꼽아 주시던 분들이 리봄디자이너 인맥교류 과정에 참가해 주셨습니다. 조금은 주제넘게도 교육과정 수강생을 선발하였습니다. 교육생 모으기가 하늘의 별 따기라고 하는데 조금은 발칙한 도전이었던가요. 이제 준비된 분들과 함께 미래를 논의해야 할 시점이라고 생각했기 때문입니다. 준비되지 않은 분들의 의구심 속에서는 한발도 앞으로 내디딜 수 없기 때문입니다.

그러면서도 한편으로는 조마조마했지요. 과연 몇 분이나 참여해 주실까 하고요. 프로그램 안내 메일을 띄우자마자 전화로 과정에 자신을 빼면 안 된다고 반협박(?)을 하시는 분들까지 계셨습니다. ^^ 30대부터 70대까지 다양한 연령대의 분들, 전주와 횡성, 속초에서까지 참여해 주신 분들. 18분의 멋진 리봄디자이너들이 탄생했습니다.

이것이 온라인 소통의 놀라운 위력이 아닌가 싶습니다. 오프라인상에서만 활동했다면 정작 연결될 수 없었을 귀한 인연들이니까요. 교육과정은 교육이라기보다 함께할 내일에 대한 비전을 공유하고, 서로의 강점을 발굴해 주고, 우리의 강점을 찾아가는 시간이었습니다. 무엇보다 멋진 프로필 사진을 찍는 시간은 초등학교 교실처럼 설레었습니다.

리봄이 진행했던 교육과정 '시니어플래너', '리봄디자이너'분들이 이제 저의 든든한 응원군이며 동반자입니다. 뜻을 함께하는 분들과 이제 구체적으로 하나하나 고령사회의 희망을 디자인하겠습니다.

리봄디자이너들이 활약할 2012년 고령사회의 리봄, 기대해주세요. 물론 응원과 참여도 부탁드립니다. 그동안 꾸준히 쌓아두었던 생각 더미들이 길을 찾은 듯합니다. 이제 사람과 정책과 아이디어가 한 지점에서 만나고 있습니다. 그리고 서로 다른 세대들이 모이고 있습니다. 고령사회는 가까운 미래, 모두의 이야기임에 공감하는 사람들입니다.

2년 전만 해도 암담하고 요원했던 일들이 마법처럼 현실이 되어 있네요. 무심히 흐르지 않은 시간에 감사하게 됩니다. 이제 모여서 함께 부리는 마법의 힘은 더욱더 놀랍고 아름다울 것임을 믿습니다.

들어도 듣지 못한 이야기들

　세상이 변했다고 합니다. 하지만 우리들은 그 변화의 어느 편에 속해 있는지 알 도리가 없습니다. 하지만 스스로 나는 변화를 잘 따라가고 있다고 위안을 삼는 경우가 많은 듯합니다. 하지만 세상 흐름을 잘 알고 있다는 그 사실이 착각이었음을 알게 되는 것은 늘 안타깝지만 쓰라린 경험을 통하고 난 그 후입니다.

　안 들렸던 이야기들 애써 귀를 막던 이야기들 그 속에 이미 모든 답은 숨어있었습니다. 아직 들을 귀가 준비되어 있지 않았을 뿐! 요즈음 제 귀가 조금 뚫리는 느낌입니다. 이 또한 착각일지도 모릅니다만. 내 속엔 내가 너무도 많아 남의 이야기를 채 담지 못하는 듯합니다. 알아들었다고 생각하지만, 내 식의 생각으로 변환되든지 아예 들어오지조차 못했는지도 모릅니다.

　내 생각과 남의 생각 입장차이가 명쾌하게 소통이 된다면 큰 문제는 발생하지 않습니다. 요즈음 그런 소중한 경험을 하였습니다. 경험의 부족을 이제 메꾸어가야 할 때입니다. 살아온 시간에 비례하여 경험이 쌓인다면 나이란 무엇에 비할 바 없는 경쟁력일 텐데 녹록지 않게 급변하는 세상, 매번 경험해 보지 않았던 일들과 맞닥게 됩니다. 그럴 때 나이는 참 거추장스러운, 떼 내고 싶은 완장입니다. 허허…

변화된 세상을 살아내려면 묻는 수밖에는 별도리가 없습니다. 부끄러움 없이 이제까지는 몰랐음을 인정하는 수밖에 달리 방법이 없습니다. 아는 척했다가는 영원히 알 기회를 놓치기 때문입니다. "언제까지 배우기만 할 건데?"라고 물어준 친구에게 "이제는 거의 다 알았어."라고 한 말을 다시 취소해야겠습니다. 참 변덕스럽기도 하지만, 유연함이라 곱게 봐주리라 믿습니다. 알아도 알아도 끝이 없네. 알았다는 건, 그 시점까지 내가 알아야 할 것을 알았을 뿐.

내가 그 다음 지점으로 가니 또 다른 사람들이 나에게 그동안 보지 못한 다른 세상을 보여 줍니다. 어쩌면 이전에도 보여 주고자 했지만 제 감겨진 눈이 그것을 보지 못했음이 더 옳은 판단이지 싶습니다. 경험의 한계로 인해 들어도 이해할 수 없었던 또 한 세계의 문이 열립니다. 그 문을 이제 힘껏 열어보려고 합니다. 아~참, 뜸을 오래도 들이는 사람입니다. 쌀쌀한 봄 날씨에 감기 조심하세요.

제대군인 인생 2막 '시니어플래너' 출발~!

　이 시대, 나이 들어가는 이들의 가장 큰 고민은 '나이 듦'을 주도적으로 설계해야 한다는 현실입니다. 준비하도록 예고하지 않은 사회가, 교육이 원망스럽지만, 답은 결국 스스로 찾아야 합니다. 어이없다는 분들이 많습니다. 당면한 현실이 알던 상식으로는 해석되지 않습니다. 남만큼, 남보다 더 열심히 살았는데 도대체 지금의 이 상황에 놓여 있는 이유를 알 수가 없습니다. 인생이 그런 것이었을까요?

　많은 분들을 만나다 보니 은퇴 이후가 잘 준비된 분들도 만나게 됩니다. 그리고 큰 무리 없는 노후인데도 준비되어 있다고 생각하지 못하는 경우도 제가 보기에 많습니다. 사회가 '노후'라는 화두를 너무 소란스럽게 갑자기 들춰낸 것은 아닌가도 새삼 생각하게 됩니다.

　얼마 전, 주류회사에서 홍보일을 하다 은퇴한 지인이 사무실을 찾아왔습니다. 알찬 은퇴설계도를 가지고 있었습니다. 그와 얘기를 나누면서 역시나 부부간에 대화가 되는 집들은 은퇴 후가 잘 준비되어 있다는 사실을 다시 한 번 확인합니다.

　대화가 없던 부부들은 새삼스럽게 생각해야 하는 문제들을 놓고 천리

만리 같던 생각의 차이를 발견하게 됩니다. 배운 대로, 하라는 대로 열심히 살았다 생각한 두 사람은 한 치의 양보도 없이 자기를 주장합니다. 어떤 심판이 그 시비를 가려내 줄 수 있을까요? 요즈음 많은 분들이 이런 말을 하십니다. '가르치려 들지 말라'는 말입니다. 어찌나 많이 주변에서 이런 이야기들을 하시는지 이유가 궁금해지기 시작했습니다.

그 이유는 그야말로 고령화가 아닐지요. 살 만큼 살아서, 알 만큼 안다고 생각하는 분들이 많아졌기 때문은 아닐까요. 집단지성을 이야기하는 시대입니다. 한 사람 천재의 생각보다 다수의 의견을 모은 것이 더 낫다는 것입니다. 은퇴 후, 사람들이 무엇을 원하는지 저는 정말 궁금합니다. 그래서 여러분들께 자꾸만 묻습니다. 여러분들의 이야기를 등불 삼아 열리는 미래의 문 앞에 서 있습니다.

리봄에 좋은 봄소식이 날아들었습니다. 중기청의 시니어창업스쿨 과정에 '시니어플래너' 교육을 육군본부 인사사령부와 진행하게 되었습니다. 대전의 DS 평생교육원에서 진행하는 시니어플래너 과정, 리봄교육이 여러 지역으로 확산되고, 더욱 전문화됩니다.

시니어통 회원분께서 이런 글을 주셨네요. 제 꿈의 증거가 되어주시는 분들께 깊이 감사드립니다.

"리봄님! 열정적인 리봄님이 참 아름답고 미더워요. 오래간만이지요? 늙는다는 건 자연이라 생각하고 지내는 모든 시니어들에게 용기와 희망을 안겨주는 선각자인 리봄님께 고맙고 감사해요. 늙음은 생각에 따라서 더디게 늙고 젊음을 더 유지할 수 있다는 걸 배우게 되네요. 그러면서 노후준비를 차근차근하게 되지요. 새싹이 파릇파릇 얼굴 내밀며 화사해지는 이 봄에 리봄님의 가슴에도 즐거움과 행복이 가득하시기를."

'시니어 네이버'로 초대합니다

리봄에 매일매일 축하할 일들이 생기네요. 늘 지켜봐 주시는 여러분들 덕분입니다. 2006년 리봄이 씨앗을 뿌린 꿈은 온라인에 시니어 포털을 만들겠다는 것이었습니다. 시니어 포털과 시니어들이 행복을 꿈꿀 수 있는 공간 그리고 시니어 분들이 믿고 찾을 수 있는 시니어 상품개발. 각각의 성격에 맞게 멋진 작명까지 마쳤었지요.

하지만 꿈은 꾼다고 바로 현실이 되는 것이 아님을 오래지 않아 알게 되었습니다. 그 꿈은 모두의 꿈이 아닌, 제 개인의 꿈이었기 때문입니다. 꿈의 씨앗을 퍼뜨리는 과정 속에서 그 꿈이 왜 꿈일 수밖에 없는가 하는 현실을 마주하게 되었습니다.

사람들의 반응을 통해 '아~ 무모한 꿈을 꾸는 것일까?' 하는 질문을 저 자신을 향해 끊임없이 되물을 수밖에 없었습니다. 놓치고 싶지 않은 꿈, 놓을 수 없는 꿈, 그 꿈을 이루기 위해서는 그 꿈을 함께 꾸기 위해 미약하지만 알리는 수밖에 없었습니다. 그 꿈을 방해하는 것들이 무엇인지 그 과정을 통해 하나하나 알게 되었습니다.

하지만 또 하나 알게 된 것은 다른 이들 또한 말하지 않을 뿐 저와 같은 꿈을 간절히 원하고 있다는 것이었습니다. '리봄'은 고령사회가 원하는 큰 꿈이었습니다. 하지만 불가능하다고 아무도 돌보지 않는 꿈입니다. 불가능은 없다!

꿈의 실타래를 푸는 하나의 꿈을 순산했습니다. 지난 3개월 동안 저는 많은 꿈들을 낳았습니다. 제가 꿈을 낳는 모습들을 보셨나요? 어쩌면 혼자만 낳고 있었는지도 모릅니다. 하지만 꿈을 밖으로 꺼내는 그 연습을 통해 조금씩 확신이 더해졌습니다. 꿈은 줄줄이 사탕처럼 한 꿈이 또 한 꿈을 태어나게 합니다. 처음 자리로 돌아왔지만, 그건 처음 그 자리가 아닙니다.

네이버 시니어로 여러분을 초대합니다. '네이버 주니어는 있는데, 왜 네이버 시니어는 없어?' 질문을 던지면 답이 찾아집니다. '노후준비와 정책 활용' 카페가 제가 찾아낸 네이버 시니어입니다. 이제 혼자가 아니랍니다.

함께 하는 지식나눔 봉사자들이 생겨나네요. 꿈은 이루어진다! 무수한 '시니어 네이버'가 생겨날 것입니다.

2013년 어떤 초등학생이 '지식인'에 질문했네요. '주니어 네이버는 있는데 시니어 네이버는 왜 없어요?' 헉~ 대답은 더 놀랍습니다. '네이버가 시니어예요.'

리봄, 제대로 이름표를 달았습니다

'리봄' 상표등록 결정 통지서를 받았습니다. 아~ 이제 명실상부 제대로 된 이름표를 달게 되었네요. 리봄하면, 리봄한다. 다시 보고 배우면, 또 다시 봄날을 만들 수 있다. 리봄의 메시지가 정식 상표등록과 함께 더욱 깊이 뿌리를 내려 멀리 퍼질 수 있도록 힘써야겠다고 다짐해 봅니다.

이런저런 많은 움직임들이 기지개를 켤 준비를 하고 있습니다. 어떤 성공도 과정 없이 이루어지지 않습니다. 그동안의 시행착오를 통해 모여진 노하우들이 공유된다면, 먼 길을 돌지 않고도 조금은 미래를 앞당길 수 있겠지요.

처음 시니어에 대한 관심을 가졌을 때 생각의 방향을 잡는 데 도움을 준 것이 일본 시니어비즈니스 전문가들이 낸 책이었습니다. 일본 또한 뭐라 딱히 시니어비즈니스라 할만한 새로운 사업 모델들은 보이지 않으니 시니어들의 관점으로 '좀 시니어 말을 듣고 이런 비즈니스를 좀 해줘.' 하는 내용들이었던 것으로 시간을 되짚어보며 하게 됩니다.

그런 책들이, 시니어의 말들이 과연 젊은 시니어 비즈니스 기획자들에게 얼마나 어필했었을까? 문득 그런 생각을 하게 됩니다. 효율성을 최고의 가치로 치는 기업문화로는 도저히 시니어와 눈 맞춤하기가 어려울 것 같습니다. 마음을 읽는 서비스라는 말도 매뉴얼화 해놓은 지침으로는 제공하고 측정하기에 어려움이 있을 것입니다. 기존의 사고, 기존의 공급방식으로 시니어 비즈니스는 풀어내기 어려운 숙제입니다.

고령사회, 새로운 기회의 영역, 시니어 비즈니스. 나이 든 이들의 불편을 해결해 주는 이라는 협소한 발상 말고, 여전히 청춘에 가깝고자 하는 시니어들의 마음을 훔쳐낼 서비스에 대한 고민이 필요하지 않을까요? 시니어들의 마음속 깊은 열망에 공감해 주는 것 그것은 배려이고, 이제껏 생각지 못하던 영역에 대한 탐구입니다.

단지 비즈니스 대상으로서가 아니라, 미지의 노년 앞에서 당혹스러워하는 그들의 마음에 공감하고, 웃음과 행복 그리고 새로운 기회를 열어주는 서비스, 이젠 만들어져야 할 때입니다.

봄이 또 성큼 다가왔습니다. 기업이 나라가, 그리고 나이 들어가는 개인들이 노년에 집중하고 있습니다. 우리의 삶에서 비껴갈 수 없는 그러나 삶이 바쁘다는 핑계로 밀쳐두었던 노년의 삶의 질, 행복에 대해 더 깊은 고민, 더 많은 상상력이 필요합니다.

시니어통, 시니어전문교육협동조합

인생 2막, 행복한 일과 삶을 설계하는 실질적인 도구, how to를 제공하는 시니어전문교육 시니어통 협동조합을 추진 중입니다. 협동조합을 추진하게 된 배경은 시니어교육시장은 점점 커지고 있는데 시니어교육에 대한 이해와 공감대 정의조차 제대로 고민되지 않는 현실 때문입니다. 제가 새삼스럽게 '평생교육학과' 대학원에 진학한 배경도 크게 다르지 않습니다.

풍부한 경험을 가진 시니어들에게 개론 교육은 어필하지 못합니다. 수많은 시니어교육의 결과, 강사를 지원하는 시니어들이 많아진 것도 아이러니한 현상이며 변화입니다. 나도 저 정도는 하겠다는 것이 그분들이 강사를 지원하게 된 동기입니다. 회사에서 다양한 교육을 받아보았기 때문에 경험치가 강사를 능가하는 시니어 분들 또한 많은 것이 사실입니다.

교육 상품은 넘쳐나지만 어떤 교육을 선택해야 할지 고민이 되는 것은 과도하게 넘치는 다른 상품 시장과 다르지 않습니다. 이런 포화상태에서 제대로 된 정보를 알리고 싶은 곳들은 알릴 수 있는 경로가 없어 답답해합니다.

시니어통 뉴스레터를 보며 공감이 가는 부분이 많다며 응원을 보내주는 한 재무설계사는 재무설계 관련해 시니어 분들이 너무 변화된 정보에 무감각하여 앉아서 손실을 입는 것이 안타깝다고 말합니다. 또한 부추기는 투자정보에 현혹되어 손실을 입는 분들도 도처에 있지만 말릴 방법이 없다고도 합니다. 시니어통 모임에 참가하려고 해도 혹시라도 저에게 누가 될까 조심스럽다고 합니다. 재무설계에 대한 시니어들의 시선이 곱지 않음을 알기 때문입니다.

부동산도 이와 크게 다르지 않습니다. 시대에 따라 부동산의 패러다임도 변화합니다. 시니어의 일과 삶을 설계하는 새로운 부동산 정보도 기존 과정들과 변별이 되어 떠오르지 못하고 있는 것이 현실입니다. 모든 변화 속에 기회가 있습니다.

젊은 사람들이 모여있는 곳에 가면 알아들을 수 없는 이야기가 천지고, 시니어들만 모여있는 곳에 가면 이미 한물간 위험한 정보인 경우가 많습니다. 정보는 격차만큼 비용을 지불하게 되어 있습니다. 아는 만큼 위험은 피해갈 수 있습니다. 위험하다는 신호를 감지할 수 있기 때문입니다.

모르는 일은 하지 말아야 하는데 그렇게 따지면, 할 수 있는 일이 하나도 없습니다. 새로운 곳으로 눈 돌리지 않고는 기회를 찾기 어려운데 그 새로운 곳이 시니어에게는 너무 낯선 이해하기 어려운 영역이라는 것이 큰 딜레마입니다.

검증된 새로운 기회, 그 영역으로 안내하는 시니어 눈높이 정보 제공을 통해 시니어 안전 생태계를 만들어가는 것 시니어통의 오랜 꿈입니다. 그 꿈을 시니어통, 협동조합에 담으려고 합니다.

꿈과 꿈이 만나면 현실이 됩니다

　마음을 열고 찾아주시는 분들이 많아 확신하지 못하던 제 추측들이 '틀리지 않음'이라 확정 도장을 받습니다. 지금 지점을 제대로 인식하지 못하면 그다음 설계도는 나오지 않습니다.

　발을 몇 번 굴러보면 지금 내가 딛고 있는 땅이 여문 땅인지 밑으로 쑥 꺼져버릴지도 모를 땅인지 알 수 있습니다. 이미 눈치채고 있으면서도 때론 발을 굴러보는 시도를 애써 '굳은 땅이야.'라며 자기 위안을 하고 회피합니다.

　내가 느끼고 있는 것을 확인하고 싶은 욕구, 발을 굴러보는 시도 그것이 제가 뉴스레터를 시작한 출발입니다. 출발했기에 어디엔가 와 있고, 현실에 눈떠가며 조금씩 구체화되고 조금씩 성장해 가고 있습니다. 요즈음 장안의 화제가 되고 있는 여자 강사분이 계십니다. 그분이 얘기하는 '드림워커' 꿈이 시키는 일을 하는 사람이란 개념이 어쩜 그렇게 와 닿던지요.

　늘 제가 주변으로부터 들어온 이야기는 성과와 결과에 대한 이야기지, 제가 어디쯤 있는지 그 과정을 일러주는 분들은 많지 않으셨던 것 같습니다. 여기까지 지치지 않게 이끌어 준 제 멘토는 70대의 인생 선배님들이십니다.

1시간이고 2시간이고, 언제고 제 이야기에 귀를 기울여 주시는 저희 친정엄마. 조금 더 딸이 하는 일을 이해하고 좋은 조언을 해줄 수 없음을 안타까워하시고 세상 어디 쉬운 일이 없음을 알려주시는 분.

'항상 천천히 부지런하시고 신중히 참신하신 리봄님, 감사합니다.'라고 제게 최고의 덕담을 해주신 분도 70대의 인생 선배이십니다.

실제 그 길을 걸어보지 않은 이에게 그 길에 대한 안내를 받을 수는 없습니다. 길 위의 우리에게 진정 용기를 주는 사람은 지금 내가 어디에 있는지를 짚어주는 그들입니다.

또 한눈을 뜹니다. 은연중에 누군가의 도움의 손길을 기대하기도 했던 것 같습니다. 꿈은 혼자 꿀 수밖에 없습니다. 그래서 꿈인 거죠.

출연료를 드리지도 않고, 꿈에 등장시켰던 분들도 계십니다. 제대로 된 대본도 주지 않고 연기가 서툴다고 혼자 툴툴대기도 한 것 같습니다. 꿈길을 현실의 길로 가능하게 만드는 것은 과연 무엇일까?

올해, 그 꿈길을 현실의 길로 옮기는 작업에 박차를 가할 것입니다. 이제 꿈꾸고 있을 때가 아니라, 박차를 가할 때라고 제 꿈이, 그리고 여러분들의 꿈들이 일러주기 때문입니다. 꿈들이 이제 손을 잡기 시작합니다.

준비된 '시니어 일과 삶 연구소' 문을 엽니다

시니어통 회원 여러분~ 계사년 새해 복 많이 받으세요. 새로운 한 해를 설계하는 이즈음에 '결심산업'이 뜬다고 하네요. 결심산업이란 금연을 위한 '전자담배'라든지, 열공을 다짐하는 '학원수강증', 살 빼기 위한 '헬스클럽회원권' 등을 말한다고 하네요. 여러분들은 새로운 한해를 맞아 어떤 결심으로 시니어 결심산업을 만들어가고 계신지 궁금하네요.

아마도 시니어통 회원분들은 새해 결심이란 강박적인 느낌 이런 것들로부터는 이제 자유로우신 분들이라 믿습니다. 새해가 중요한 것이 아니라 우리 마음이 준비된 그때가 가장 중요하기 때문입니다.

저는 요즈음 제 머릿속 그림을 공유하는 데 집중하고 있습니다. 제 노력이 여러분들께도 전달되는지 여러분들 또한 여러분들의 그림을 나눠주기 시작하십니다. 총천연색 화려한 꿈도 좋지만 한 마디로 같은 그림을 떠올릴 수 있는 선명한 꿈부터 공유하려 합니다.

리봄의 꿈을 다시 한 번 정리해 볼까요? 다시 보고 배우면, 또 다른 봄날을 만들 수 있다. 조금 더 명쾌하게 정리해 보니 생각을 젊게 만드는 것, 이게 리봄의 소망입니다. 생각이 머물지 않고, 흐를 수 있도록 그래서 지금 현재가 낯설지 않고 늘 현재와 호흡하며 살아갈 수 있도록 지원하는 것이 리봄의 꿈입니다.

육체는 젊어지는 데 한계가 있지만, 생각을 젊게 하는 데 한계는 없습니다. 젊음은 지속할 수 없어도, 생각은 여전히 미래로 향할 수 있습니다. 고인 생각이 아닌, 흐르는 생각 그것이 통하는 고령사회입니다.

얼마 전 젊은 사회적 기업가들의 모임에 다녀왔습니다. 정말 멋진 그들의 이야기를 들으며 온 쪽이 아닌 반쪽이라는 안타까움이 남았습니다. 왜 젊은이들은 젊은이들만 모일까?

어른들은 어른들끼리만 모이고 젊은이들은 젊은이들끼리 모여서 그들만의 미래를 고민하는 사회에 희망찬 미래란 가능한 꿈일까요?

소통 없는 반쪽짜리 답으로 내일의 문을 열 수 없습니다. 시니어를 새로운 도구, 온라인(online)에서 만난다는 역발상이 리봄의 출발입니다. 정말 앞서가는 시니어 분들을 만났습니다. 과연 가능해 하던 일들이 오래지 않아 현실이 되어 있고, 또 다른 미래로 향합니다.

오늘의 기준이 아닌, 내일의 변화를 예측하며 발을 떼어야 합니다. '시니어 일과 삶 연구소(www.50plus.co.kr)' 미래를 향한 도전은 계속됩니다.

2013년, 50+ 세대에게 플러스가 되는 세상

　제 가방끈을 늘이게 된 소식부터 알려드립니다. ^^ 방송통신대학교 '평생교육학과' 대학원에 합격했습니다. 제가 시니어 관련한 일을 시작할 때 주변의 조언은 '사회복지'를 공부하라는 얘기들이었습니다.

　그리고 '학사'로는 아무(?) 일도 못 하니 적어도 석사는 따놓아야 한다는 것이었습니다. 하지만 제가 원하는 것은 복지의 시각으로 바라보는 노인이 아닌 인생의 또 다른 봄, 리봄이라는 사회복지와는 조금 다른 지점이었습니다.

　사회학 쪽으로는 조금 관심이 갔으나 직접 사회를 분석하는 것이 제 적성과 좀 더 맞을 듯하여 또한 온라인, 각종 세미나 등 워낙 이미 일상이 교육 환경으로 변한지라 제가 필요한 공부를 맞춤형(?) 설계로 시작하였습니다. 그리고, 제대로 공부하고 있는지를 확인하기 위해 여러분들께 제 생각을 공유하는 시니어통 뉴스레터를 보내드리기 시작했습니다. 활발한 여러분들의 지지와 공감 속에서 사회 전반과 시니어 정책 흐름 등에 눈 뜨는 시간이었습니다.

　노인, 시니어 들어가고 보니 너무나 광대한 영역이었습니다. 또한, 멈춰진 지점이 아닌 끊임없이 흐르는 우리의 삶의 지점이고 보니 같이 흘러오는 과정이 시니어통의 역사가 되었습니다. 과거, 현재 그리고 만들어 갈 미래.

본격적으로 일을 해나가기 위해 이젠 체계화가 필요하다는 생각이 들었습니다. 마침 시니어교육 전문 '리봄스쿨 사이트(www.rebomschool.co.kr)'도 오픈한지라 많은 콘텐츠가 필요한데 도저히 혼자서 해낼 수 없는 일입니다. 그다음을 모색하고 있는 시점에 딱 마감을 하루 앞둔 방송통신대학교 평생교육학과 대학원 학생 모집 광고를 TV에서 보았습니다. '바로 이런 걸 운명이라고 하는 거구나!' 하는 생각을 했습니다. ^^ 위 이야기는 거의 제가 대학원 면접 때 한 이야기네요. 이런 경력에 왜 공부가 더 필요하냐는 교수님 말씀에 평생교육대학원 학생들과 함께할 일이 많다고 말씀드렸습니다.

평생교육대학원의 목적 또한 학생들에게 다양한 기회의 영역을 여는 것이겠기 때문입니다. 더불어 학교 홍보도 열심히 하겠다고 말씀드렸지요. 교수님, 저 약속 잘 지켰습니다. ^^

면접을 온 다양한 연령대의 학생들과 얘기를 나누면서 '제대로 찾아왔구나!' 하는 느낌을 받았습니다. 오랫동안 찾아왔던 딱 공감대가 형성되는 분들이 그곳에 모이셨습니다. 2013년, 저의 '인생 2막' 출발을 위한 7년간의 기초공사를 마무리합니다.

50세 이상, 50+ 세대에게 플러스(+)가 되는 세상, 그 꿈을 현실로 만들어갈 2013년! 그 시간 속으로 망설임 없이 뛰어듭니다.

시니어만 '리봄', 주니어도 '리봄'

리봄의 10번째 프로포즈 행사를 잘 마쳤습니다. 각각의 중심을 가진 12분이 참석하셔서 리봄의 10번째 프로포즈를 함께 완성해 주셨습니다. 참석한 분들과의 개별적인 만남을 한동안 진행할 예정입니다. 12분 각자, 때론 몇 개의 팀으로 리봄, 시니어통의 콘텐츠와 융합하면서 다양한 실행 모델들을 만들어낼 것입니다. 리봄의 내년 행보, 응원의 시선으로 지켜봐 주세요.

그리고 이번 모임에는 참여하지 못하셨지만, 늘 마음으로 리봄에 응원을 보내고 계신 분들과의 만남의 기회도 다양하게 만들어갈 것입니다. 리봄의 문은 늘 열려 있습니다. 그동안 이런저런 협회나 모임들에 참석해 보면서 소수가 모여 '우리'라는 울타리에 갇히게 되는 것에 대한 거부감 혹은 두려움이 있었던 것이 사실입니다. 함께 성장하며 더 많은 이들의 성장을 돕는 열린 모임으로 발전해가는 새로운 조직, 혹은 모임을 만들어 보고 싶습니다. 비현실적인 꿈일까요?

12월 1일, 조합법이 시행되었습니다. 과거의 방식으로는 불가능했지만 제 꿈을 지원하는 환경이 빠르게 마련되고 있습니다. ^^ 이번 모임에서는 긴 여정을 함께 할 조직의 얼개를 만들었습니다.

30대부터 70대까지 우선은 각 연령대별 대표선수를 선발했습니다. 30대 리봄 대표 유장휴님, 40대 리봄 대표 신수양님, 50대 리봄 대표 김영선님, 60대 리봄 대표 최유재님, 70대 리봄 대표 이회승님.

저는 그분들이 각 세대의 리봄 대표로서 멋지게 활동할 수 있도록 지원하는 플래너입니다. 세대를 우선 나누고, 그 다음 서로를 지원할 수 있는 협력모델을 만들어가고 싶은데 꿈은 이루어지리라 믿습니다. 1년 후에는 10대, 20대, 80대, 90대까지 확장되어 있을 겁니다. 그때 비로소 리봄스타일 생애설계 교육이 완성되는 지점이지요. '리봄교육'의 통 큰 그림입니다.

7년 동안 모아온 오색 털실 뭉치들을 엮어 부지런한 손놀림으로 뜨개질을 시작했습니다. 소품 하나하나 완성하다 보면 따스한 리봄 스타일이 완성되리라 믿습니다. 2012년도 얼마 남지 않았습니다.

지나온 시간이 주변 분들의 도움으로 나란히 정리되며 눈앞이 말끔해지는 행복한 시간 속에서 마음은 또 저만치 희망찬 미래를 향해 달리고 있습니다.

2013년이면 저도 50대로 들어섭니다. 지천명(知天命)의 시간! 미혹됨 없이 하늘의 뜻을 알 수 있다는 그 시간 속의 여행은 또 얼마나 근사할까요?

우리가 함께 여는 세상, 리봄

그동안 시니어통을 아껴주시고, 깊은 관심을 주신 분들로부터 가장 많이 들었던 이야기는 비즈니스냐? 사회공헌이냐? 영리냐? 비영리냐? 라는 질문입니다. 딱히 명쾌한 답을 드리지 못했습니다. 리봄의 세미나를 통해 '비즈니스와 복지, 그 사이'라는 화두를 저 자신과 여러분들에게 던진 기억이 있습니다.

'시니어'를 찾아가는 여정은 이렇게 낯설고도, 현재의 언어로 정의 내릴 수 없는 지점이 아닌가 싶습니다. 어떤 때는 제가 여자였기 때문에 이런 모호함 속을 견디고 올 수 있었던 것이 아니냐는 생각도 해봅니다.

다급하게 가족의 생계를 위한 일에 뛰어들어야 하는 가장으로서는 이렇게 명쾌하지 못한 영역에 긴 관심을 기울일 수 없겠기 때문입니다. 많은 분들의 도움과 지지 속에서 많이 명료해진 지점에 다다른 듯합니다. 있던 것 속에서 답을 찾지 말고, 없던 것을 만들어야 한다는 것. 되돌아보면 지나온 길이 크게 틀리지 않았음에 저도 안도의 큰 숨을 내쉬게 됩니다.

그도 잠깐 지금부터가 정말 시작인 것을요. 리봄의 10번째 프로포즈, 무심한 듯 뒤척이며 그 시간을 어떤 시간으로 만들까를 생각하고 있습니다. 그냥 그곳에 오신 분들과의 교감만으로도 그다음 할 일이 명료해질 듯도 하고, 그렇습니다.

어쨌든 그동안 리봄의 프로포즈가 그러했듯 연령대는 30대부터 70대까지 미래 구성원들일 듯싶습니다. ^^ '저도 가도 돼요?' 이런 문의 전화들이 옵니다. 이곳에 눈을 맞춘 당신이 주인공입니다.

며칠 전 '인구고령화포럼' 창립회 조찬모임에 다녀왔습니다. 저출산 고령화 관련 전문가와 오피니언 리더 100인을 선정하여 구성한 포럼이라고 합니다. 외람되지만 그 자리를 통해, 제가 '참 많이 앞서갔었구나.'라는 사실과 그 말에 귀 기울여 주신 많은 분들이 계셨다는 감사입니다.

그 날의 이야기 중 저에게 확신을 심어준 것은 '고령사회에 대비한 다양한 정책에도 불구하고, 국민들이 실감할 수 있는 부분이 너무 약했다.'라는 대목입니다.

제가 '희망정책'과 '리봄교육' 홈페이지를 더 이상 미룰 수 없다는 생각에 서둘러 만들게 된 바로 그 이유이기 때문입니다. 문제를 공유하게 되었다는 것은 그다음으로 진일보할 일만 남았다는 것입니다. 이런 자리를 통해 민간과 정부가 교류하고, 각각의 위치를 재조정해 볼 수 있는 기회를 만드는 것. 적기의 시도라고 생각합니다. 노인, 시니어 관련해 가장 선도적인 역할을 맡아 온 '한국노인인력개발원'의 내년 행보를 기대해 봅니다. 앞서 뗀 발자국만큼 리더입니다.

저도 그동안 해왔던 일들을 다시 나란히 하여 시니어통의 슬로건 '인생 2막 행복설계, 고령사회 희망디자인'의 꿈에 박차를 가할 때입니다.

우리는 미지의 낯선 세계로 희망찬 여행을 떠납니다. 제 생각이 굳건해질 수 있도록, 오피니언 리더, 혹은 전문가로 지칭해 준 노인인력개발원에 감사드립니다.

통(通)하지 않으면 통(痛)한다

어버이날입니다. 양가 부모님 중 이제 친정어머니 한 분만 계시네요. 든든한 울타리가 되어주시던 분들이 이제 이 땅이 아닌 저 하늘나라에 계시네요. 그래서 저 하늘도 낯설지 않은 푸근함으로 느껴지는 듯합니다. 가끔 밤하늘을 올려다보면 그 하늘에 떠나가신 분들의 따스하고 큰 모습이 보입니다. 마음은 떠나지 않고 늘 제 곁을 지켜주고 계신 듯합니다.

제가 실버산업을 시작하게 된 계기에 대해서 많은 분들이 참 궁금해하십니다. 딱 한 가지만 꼽을 수는 없지만, 친정부모님, 시부모님의 노년의 삶의 모습을 가까이서 지켜본 것도 한 이유지 싶습니다. 안타까움도 있고, 아쉬움도 있고, 닮고 싶음도 있고, 멋짐도 있었습니다. 그리고 무엇보다 서로 다른 노년의 삶이었다는 것입니다.

그 다름의 이유는 뭘까? 닮고 싶은 노년의 모습이 되기 위해 준비해야 하는 것은 무엇일까? 늘 그런 상념과 안타까움이 머릿속에 있었던 것 같습니다. 어려서부터 '애늙은이'라는 소리를 들었던 것도 '시니어통'의 싹이 아니었을까도 싶고요.

요즈음 책을 준비하면서 또 많은 생각을 합니다. 내가 정말 하고자 하는 것은 무엇이냐는 새삼스러운 질문을 떠올려 보기도 합니다. 요즈음 제게 책을 내라고 옆에서 재촉(?)해 주시는 분들이 계십니다. 그래서 늘 머뭇대기만 하던 책 쓰기에 도전하게 된 것이고요. '통(通)하지 않으면 통(痛)한다.'라는 어느 목사님의 말씀을 책 제목으로 추천까지 해 주시네요. 참 감사한 일입니다.

그 제목을 통해 제 생각도 같이 정리되네요. 늘 통할 통(痛)만 생각하고 있었는데 늘 제 가슴 밑바닥을 흐르고 있던 것은 노년의 아픔(痛)에 대한 마음 쓰임이었던 것 같습니다.

왠지 어르신들을 보면 눈물이 핑 도는 그 마음이 저를 여기까지 이끈 것은 아닐까 하는 생각도 들었습니다. 어쩌면 늘 상상력이 과도한, 저 자신의 미래에 대한 연민이었을지도 모르겠습니다. 아마도 그러할 것입니다. 아픔 없이 바라볼 수 있는 노년, 그건 과연 꿈이기만 한 것일까요?

어제 대전 DS 평생교육원에서 육군인사사령부와 함께 진행하는 '시니어플래너' 교육 과정이 출발하였습니다. 28명의 40대부터 70대까지의 학생들! 70대 중반의 선생님께서는 신문광고를 보시고는 '이거다!' 하고 등록을 하시고, 인천에서 대전까지 한달음에 오셨다고 하네요.

'시니어플래너' 교육생 중 한 분께서 시니어플래너 과정에 대해 '잘 나이 듦을 계획하는 과정'이라고 정의 내려 주시네요. 어쩜 저보다 명쾌하십니다. 어제, 참 감사하고 행복했습니다.

그리고 제 역할도 더욱 확신하게 되었습니다. 앞으로도 변함없이 '잘 나이 듦'을 여러분들과 함께 고민하겠습니다.

그 답을 이미 살고 계신 저희 친정어머니께 오늘 더욱 감사하게 됩니다.

"엄마, 사랑해. 늘 믿어주셔서, 너무나 감사해요."

더 늦기 전에 '사랑한다'고 말할 수 있는 여러분을 응원합니다.

시니어를 담는 통, 시니어와 통하는 통, 시니어 전문가 통

7년의 시간, 200회의 글을 써오면서 저도 인생 반환점을 돌았네요. 시니어를 담는 통, 시니어와 통하는 통, 시니어 전문가, 시니어 통. '시니어 통'의 목표를 향해 준비해 온 시간입니다. 명실상부 시니어 통의 소명을 다하여 고령사회, 리봄의 꿈을 이루고자 합니다.

리봄_다시 보고, 배워,

리봄_또 다른 봄을 맞이하는,

노년의 봄을 꽃 피우는 것입니다.

'시니어플래너' 교육 과정을 통해, 또 다양한 인생 2막 준비교육 과정을 통해 만나는 분들을 보면서 제 꿈에 대해 더욱 확신을 갖게 됩니다. 다양한 시니어 라이프를 설계하는 분들이 계시기 때문입니다. 다른 꿈을 꿀 때, 다른 노년이 시작됩니다.노년의 문턱에서 두려움 가득한 분들 그래서 결코 인정하지 않으려는 분들이 많습니다. 직시할 때 두려움은 사라지고, 준비해야 할 것들이 보입니다. 그때 비로소 제대로 준비된 노년을 맞이할 수 있습니다.

행복한 노년, 독립적인 노년을 지원하기 위한 다각적인 노력과 연대가 시작되고 있습니다. 미래 노인의 삶은 어떤 것일까? 나는 과연, 미래의 노인으로 준비되고 있는가?

불확실성의 이 시대를 젊은 세대와 함께 고민하며 답을 찾아내는 것, 함께 미래의 문을 열어야 하는 것이 이 시대를 살아가는 시니어들의 사명이 아닌가 생각합니다.

'시니어플래너' 과정은 즐거운 도전입니다. 그리고 매회가 과정입니다. 회를 거듭해 가면서 시니어 교육의 유연한 표준으로 자리 잡아 가리라 믿습니다. 안팎의 환경이 아주 좋아지고 있습니다. 시니어도 쉽게 사용할 수 있는 좋은 도구들이 개발되어 앞으로 시니어들의 활동은 더욱 탄력을 받을 것입니다.

오늘 불가능했던 것이 내일은 현실이 되는 멋진 세상입니다. '안돼~!'라고 미리 포기하는 그 마음, 그 마음은 장맛비에 씻겨 보내버리시기 바랍니다.

어렵지 않으면 '도전'이라고 하지 않습니다. 쉽게 이룰 수 있다면 '꿈'이라 말하지 않습니다. 시니어통 200호, 쉽지는 않았지만 즐거운 시간이었습니다.

그 시간 동안 제가 가장 잘하는 일을 찾아냈습니다. 강의할 때 제일 즐겁고, 글을 쓸 때 가장 행복합니다. 지금, 이 순간이 늘 가장 행복했습니다.

잘하는 일, 즐거운 일, 재밌는 일 그래서 오래도록 지속할 수 있는 일을 여러분들도 찾아내실 수 있도록 기꺼이 돕겠습니다.

시니어 통 200호 축하 메시지 많이 전해 주세요. 여러분들의 응원이 시니어 통이 300호를 향해 달리는 데 가장 든든한 연료가 될 것입니다. 200호에 오기까지 늘 든든히 버팀목이 되어주신 여러분들께 머리 숙여 감사드립니다.

나가기

여전히 열심히 하시니 참 존경스럽습니다. 화이팅입니다.

- 박원순 서울특별시장-

요즘엔 시니어통 뉴스레터가 기다려집니다. 또 어떤 좋은 읽을거리가 담겼을까 하고요···. 읽기 쉽고 편안한 시니어통, 독자를 위한 배려도 남다르더군요. 시니어가 시니어의 소리를 낼 수 있도록 앞으로 시니어통의 역활을 기대해 봅니다.

- 침대청소 박사 -

늦가을 화려한 단풍도 결국 마른 잎으로 떨어진다지요? 실버 세대란 준비의 세대인가 봅니다. 서초 노인복지관의 강의는 진정 노인에 대한 많은 문제점을 해결하려고 부단히 실무적이고 현실적인 것 같았습니다. 진정 감사드리고요, 더 많은 강의를 희망해 봅니다.

그냥 이론도 아닌, 일본을 무작정 닮아가는 것도 아닌 우리만의 현실적인 실상을 이야기해 주세요. 그냥 마른 잎으로 떨어지기를 기다리기 전에 못다 한 일을 하려 합니다. 나 하나의 기여가 사회를 변화시키고, 가능하다면 하루하루 활기찬 노년을 맞이하려고 무지 노력 중입니다.

- 몽실이 -

대한요양보호사 교육원과 천사 재가서비스센터를 운영하고 있는 김용하입니다. 늘 좋은 글 자료 감사드립니다. 선생님께서 주신 글을 우리 교육생들과 요양보호사 분들과 함께 읽으면서 공유하고 있습니다. 언제 속초 오셔서 연락 한번 꼬옥 부탁드립니다. 감사합니다.

- 김용하 -

안녕하세요? 지난 학회 때 뵈었던 경동 대학교 작업치료학과 박경영입니다. 매번 시니어 통을 통해서 많은 이야기를 듣고 제 자신을 되돌아보면서 노인분들에 대한 여러 가지 생각들을 전환하게 됩니다. 항상 감사드리고, 특히 이번처럼 노인분들의 일자리 창출에 정부도 힘을 쏟고 있다는 소식이 들리니 더욱 반가울 따름입니다. 시니어 통 100호 탄생을 진심으로 축하드립니다. 시니어 통을 읽으면서 빚진 마음으로 지내고 있습니다. 조연미님의 예리한 통찰력과 혜안 그리고 슬기와 센스로 시니어 시대의 새로운 지평을 열고 가이드해 주심에 항상 고맙고 감사할 뿐입니다.

시니어 통의 200호, 300호 나이테를 늘리면서 더욱더 유익하고 보람찬 일로 찬란한 빛을 발하시길….

- 풍농 -

시니어통은 시니어의 꿈이다. 무궁한 발전을 기원하며…

- 심진섭 -

시니어통 100회 소식에 축하드립니다. 시니어통을 통해 새로운 도구(?)에 대한 정보를 많이 얻고 있습니다. 늘 발전하시고, 회원이 점점 더 늘어나 번창하는 시니어통이 되기를 기원합니다. 파이팅!

- 한양사이버대학교 시니어비즈니스학과 교수 최숙희 -

나이 100살 많지요. 시니어통 100회 그것도 간단치 않지요. 그동안 고생 많이 했습니다. 좋은 정보와 글들, 큰 도움이 됐고요. 고령화 시대에 접어든 한국사회에 주춧돌이 될 일을 하신 것입니다. 더욱 알찬 정보와 글로 다가와 주시길 바라며 축하드립니다. 건강하시고요. 설도 잘 보내고요. 바이.

- 시사저널 대표 권대우 -

시니어통, 리봄 디자이너… 느낌부터가 신선했었습니다.
역시 활동하신 것도 다르십니다. '고령화 사회', '노인'이라는 말 자체가 어쩐지 부담스러웠는데 시니어통에 들어와 이런저런 정보를 접하다 보니, 새로운 의욕이 생긴답니다.

- 홍익인간 -

100세 시대, 온라인에서 물꼬를 열다